# 머리말

현대 사회는 살벌한 경쟁의 시대이다. 이 시대를 살아가는 데 있어서는 끝없이 샘물처럼 솟아나는 지혜가 필요하다.

우직하고 강인한 힘보다는 지혜가 훨씬 앞서고 있는 것은 말할 필요도 없다. 그 한 예로 다윗과 골리앗의 이야기는 너무도 유명하다.

이 책은 한 마디로 유태인의 성전(聖典)이다. 그들은 수천 년 동안 국가조차 형성하지 못하고 유랑생활을 하며 온갖 고난과 수모를 당하였다. 그러나 그들은 한 번도 꺾임이 없이 지혜롭고 근면하게 난관을 헤쳐 나가 오늘날 드디어는 이스라엘 국가를 세우는데 성공했다. 뿐만 아니라 PLO와의 사력을 다한 싸움에서 그들을 물리칠 수 있었다.

이것은 오로지 그들이 로마의 악정으로부터 불태워 버리고 말살 시키려고 했던 이 탈무드의 지혜를 끊임없이 배우고 간직해 온 슬기 때문이라고 잘라 말할 수 있다.

탈무드란 유태어로 바다(海)라는 뜻이다.

바다는 이제 인류에게서 단 하나 남은 보고(寶庫)이다. 육지는 온통 파헤쳐지고 공해로 인하여 사막이 늘어나는 곳이 많으며 황폐해져간다. 그러나 바다는 인류의 미래에 풍요로

움을 줄 단 하나의 식량 창고인 것이다. 바다는 인간에게 무한한 공포와 절망을 주기도 하지만 그보다 수천만 배나 큰 희망의 상징이기도 하다. 2천년 동안 유태민족은 조소와 멸시를 당하면서 유량의 슬픔을 씹었으나 그들은 결코 좌절하지 않고 그들만의 굳건한 민족성을 유지해 나왔다. 현재 세계의 경제를 좌우하는 것은 중동 아랍인들의 검은 황금인 석유가 아니라 실은 유대인들의 엄청난 재력에 있다. 그들이 이런 어마어마한 부(富)를 축적할 수 있었던 생활의 지혜, 부의 지혜, 생존의 지혜, 질서의 지혜가 모두 수록된 이 탈무드 때문이었다.

탈무드에는 인간에게 필요한 모든 것이 담겨져 있으며 그것은 지금까지도 하나의 진리로 존재하며 앞으로도 무한히 지속될 것이다. 원래 이 탈무드는 방대한 분량이다. 그러나 마빈 토케이어는 그것을 현실과 맞는 내용으로 간추려 소개하고 있으나 이 책의 판매량은 실로 엄청나다. 자유주의 국가를 비롯하여 공산권에서도 다투어 탈무드를 만들어내는 이유는 어디에 있을까?

그 궁금증은 이 책을 펼치는 순간부터 일목요연하게 나타난다.

# 목차

## 제1장 탈무드의 마음

## 제2장 탈무드의 귀

# 제3장 탈무드의 눈

# 제4장 탈무드의 머리

## 제5장 탈무드의 손

## 제6장 탈무드의 발

# 제1장
## 탈무드의 마음

## 위대한 세 랍비의 이야기

내가 탈무드 신학교에 입학할 때 면접시험에서 나는 이런 질문을 받았다.

"자네는 왜 이 학교에 들어오려고 하는가?"

나는 이렇게 대답했다.

"저는 이 학교가 좋습니다. 그래서 입학하려고 합니다."

그러자 시험관은 이렇게 말하는 것이었다.

"그래?

"만일 자네가 공부를 하기 위해서라면 오히려 도서관으로 가는 것이 좋겠네. 학교란 공부를 하는 곳이 아니니까."

그래서 나는 오히려 시험관에게 반문했다.

"그렇다면 학교란 무엇 때문에 필요합니까?"

그러자 시험관은 이렇게 말했다.

"학교에 가는 것은 훌륭한 인간 앞에 앉기 위해서라네."

"그것은 살아 있는 본보기로써 배워야 하네.

학생은 훌륭한 랍비나 스승을 지켜봄으로써 배우는 것이라네."

그래서 나는 탈무드에 나오는 세 명의 위대한 랍비를 여기 소개하려는 것이다.

## 랍비 힐렐(Hillel)

힐렐은 2천 년 전에 바빌로니아에서 태어났다. 그는 20세가 되던 해 이스라엘로 가서 두 명의 훌륭한 랍비 밑에서 공부했다. 당시는 로마제국의 지배하에 있었기 때문에 유태인들의 생활은 아주 어려웠다.

그는 생활을 지탱하기 위해서 벌이에 나섰지만 하루에 동전 한 닢 밖에 벌 수가 없었다. 그나마도 절반은 생활비에 반은 수업료로 내야만 했다.

그러던 어느 날 일거리를 얻지 못하여 그 나마의 돈도 벌지 못했다. 그러나 그는 어떻게 해서라도 학교의 강의만은 듣고 싶어 학교 지붕 위로 올라가 굴뚝 구멍에 귀를 대고 밤늦게까지 강의를 들었다. 마침 겨울철이어서 때마침 내린 눈이 그의 몸을 덮어버리고 말았다.

그런데 이상하게도 교실 안이 어두워 보여 천장을 바래다보니 햇볕 비추는 천장의 유리에 무엇이 가리고 있음을 보고 올라가 의식을 잃은 힐렐을 발견하고 데려다 따뜻한 방에 눕혔다. 그리고 얼마 후 깨어났다. 이때부터 힐렐의 수업료는 면제되고 그 후 전통적으로 유태인 학교에서는 수업료를 받지 않게 되었다. 힐렐의 말은 많이 전해져 왔으며 예수님의 말씀 중에는 힐렐의 말을 그대로 인용한 것이 많다.

힐렐은 천재였고 점잖고 예의바른 사람이었다. 어느 날 로마인이 그에게

"내가 한 발로 서 있는 동안 유태인의 학문을 모두 말해 보라."고 했다.

그러자 힐렐은 이렇게 말했다.

"내가 당하고 싶지 않은 일을 남에게 요구하지 말라."

또 어떤 사람들이 힐렐을 화나게 하는 내기를 했다.

유대인들은 안식일을 경건하게 지낸다. 안식일은 금요일 해질 무렵까지 만 하루 동안이다.

유태인은 몸과 마음을 깨끗이 하고 맛있는 음식을 준비했다가 먹는다. 이 날은 일도 하지 않고 불도 사용하지 않는다.

이 안식일을 준비하려고 금요일 낮에 목욕하고 있는데 한 사람이 문을 두드렸다. 힐렐은 젖은 몸을 수건으로 닦고 옷도 입은 다음 문을 열고 나갔다. 방문한 사람은,

"사람의 머리통은 왜 둥급니까?"

하는 실없는 질문을 던지는 것이었다.

힐렐이 그의 질문에 대답을 해주고 겨우 돌아와 몸을 씻고 있는데 또 문 두드리는 소리가 났다.

"검둥이는 왜 살이 검습니까?"

라고 다시 실없는 질문이었다.

열심히 설명해 주고 돌아와 다시 몸을 씻는데 또 문 두드리

는 소리가 났다. 비슷한 실없는 질문을 하기를 다섯 번이나 되풀이 되었다. 그때마다 힐렐은 여전히 젖은 몸을 닦고 옷을 걸치고 나가서 부드러운 말로 그 사람의 질문에 대답해 주었다.

그러자 사나이는 마지막에 이렇게 말했다.

"당신 같은 사람은 차라리 없었더라면 좋았을 거요."

"나는 당신 때문에 많은 돈을 잃었단 말이오."

그러자 힐렐은 이렇게 말했다.

"내가 인내력을 잃는 것 보다는 당신이 돈을 잃는 편이 낫지요."

어느 날 힐렐이 급히 걸어가는 것을 보고 학생들이 달려가

"선생님 어디를 급히 가십니까?"

좋은 일을 하기 위해 급히 가고 있는 중이란다.

학생들은 궁금해서 그의 뒤를 따라가 보았다.

힐렐은 공중목욕탕에 들어가 몸을 씻기 시작했다.

"선생님, 그것이 좋은 일입니까?"

"사람이 자기를 깨끗이 씻는 것은 좋은 일이지."

"저 로마인들의 동상을 깨끗이 닦고 있지 않더냐?"

"사람은 동상을 닦아주기 보다는 자기를 깨끗이 닦는 편이 훨씬 낫단다."

그 외에도 좋은 말을 많이 남기고 있다. 다음에 그의 짤막

한 말들을 몇 개 골라 소개한다.

만일 당신이 지식을 넓혀가지 않고 있으면 그것은 곧 당신의 지식을 하나씩 잃어가고 있는 것이다.

자기의 지위를 사람들에게 알리려고 애쓰는 사람은 곧 자기 인격에 먹칠을 하고 있는 사람이다.

상대방의 입장에 서지 않고는 남을 판단하지 말라.

배우려고 하는 사람은 부끄러워해서는 안 된다.

인내심이 없는 자는 남을 가르치는 선생이 될 수 없다.

만일 당신 주위에 훌륭한 사람이 없다면 당신 자신이 훌륭한 사람이 되어라.

만일 당신 자신이 당신을 위한 일을 하지 않는다면 누가 당신을 위한 일을 해 주랴.

지금 일을 하지 않으면 언제 그 일을 하려느냐?

인생 최고의 목적은 평화를 사랑하고 평화를 추구하고 평화를 오게 하는 것이다.

자기 자신의 일만 생각하는 자는 자기 자신이 될 자격이 없다.

## 요하난 벤 자카이

유태민족이 정신적으로 최악의 위기에 빠져 있을 때 크게 활약한 사람이 랍비 요하난 벤 자카이 이다.

서기 70년에 로마가 유태의 예루살렘 성전을 파괴하고 유태인을 멸망시킨 때이다. 당시 유태인 가운데는 온건파와 강건파가 있었는데 요하난은 온건파였다. 그래서 늘 강건파가 요하난을 감시하고 있었다.

그는 유태민족의 영구한 생존문제에 대해 깊이 고심하고 있었다. 그의 결론은 적군과 협력해야만 되겠다는 결론에 이르렀다.

그런데 당시 유태인들은 모두 예루살렘 성벽 안에 갇혀 있었기 때문에 전혀 출입이 불가능했다. 그러나 요하난은 한 계교를 생각해내어 탈출하는데 성공했다. 환자 노릇을 했던 것이다. 그는 유명한 랍비였기 때문에 많은 사람들이 병문안을 왔다. 이윽고 그는 곧 죽는다는 소문이 퍼지고 얼마 뒤에는 그가 죽었다는 소문이 퍼졌다.

제자들은 그를 관속에 넣었다. 그러나 예루살렘의 성 안에는 묘지가 없었기 때문에 시체를 성 밖에 매장할 허가를 신청했다.

그러나 강경파의 경비병들은 랍비가 죽었다는 사실을 반신반의하여 칼로 시체를 찔러 보겠다고 말했다. 유태인들은 절대로 시체를 눈으로 보지 않기 때문에 직접보고 확인할 수 없었다. 그래서 그들은 관 위에서 칼로 찌르려 했다.

그러나 제자들은 그것은 돌아가신 분을 모독하는 행위라고 필사적으로 항의했다. 그들은 드디어 로마군의 전선을 통과할 수 있었다. 그리고 관에서 나온 요하난이 로마군의 사령관을 만나겠다는 청이 받아들여져 드디어 사령관 앞에 서게 되었다. 그는 사령관을 똑바로 바라보면서

"나는 당신에게 로마 황제와 같은 경의를 표합니다."

라고 말했다.

황제와 같다는 말을 들은 사령관은 로마의 황제를 모독한다고 화를 냈다.

그러자 랍비는

"내 말을 믿으시오."

"당신은 틀림없이 다음 번 로마의 황제가 될 것입니다."

라고 잘라 말했다.

그러자 사령관은

"당신의 말을 이해하겠소. 그런데 당신이 내게 하려는 말이 무엇이오?"

"네, 꼭 한 가지 부탁이 있습니다."

랍비는 대답했다.

"이 경우 당신이라면 어떤 부탁을 했겠는가?"

랍비는 이런 부탁을 했다.

학교 하나를 남기어 달라는 것이었다.

예루살렘을 모두 파괴한다 하더라도 학교만은 파괴하지 말아 달라는 요청이었다. 랍비는 조만간 예루살렘이 로마군에게 점령되어 파괴될 것을 알고 있었다. 모든 집들이 파괴되고 많은 유태인들이 학살당할 것을 알고 있었다.

요하난의 청은 사선을 넘어온 작은 유태인의 대담성에 비해 별것 아닌 것이었다고 생각되어 사령관은 쾌히 청을 받아 주었다.

이윽고 로마 황제가 죽고 그 사령관이 황제가 되었다.

황제는 로마군에게

" 작은 학교 하나만은 손대지 말라." 고 명령했다.

그 남은 작은 학교가 전쟁의 혹독한 파괴 속에서도 유태인의 전통과 예지를 이어올 수 있었으며 유태인의 전통적 생활양식도 그 학교가 지켜 주었다.

'착한 마음을 지니는 것이 가장 큰 재산이다.'

라고 요하난은 말했다.

유태인의 제단에는 금속을 사용치 않는다.

오직 돌만을 사용한다. 금속은 무기를 만들 수 있다.

제단이란,

신과 인간 사이의 평화의 상징이기 때문이다. 돌은 신과 인간과의 관계에서 상징적으로 쓰여 진다. 요컨대 말을 하지 못하는 돌조차도 신과 인간의 사이를 연결시켜 줄 수 있는 것이다.

"당신은 인간이기에 부부간이나 나라와 나라 사이에 평화의 도구일 수 있을 것이다."

라고 요하난은 말한다.

그는 늘

'선한 마음을 가지는 것이 큰 재산임을'

말하고 있다.

# 랍비 아키바

아키바는 탈무드에서 나오는 인물 중에서도 가장 존경을 받는 랍비다. 그는 유태의 민족적 영웅이기도 하다.

그는 젊은 큰 부자 집에서 양치기로 일했다. 그러던 중 그집 딸과 사랑하는 사이가 되어 아버지의 반대를 무릅쓰고 두사람은 결혼했기 때문에 딸은 집에서 내쫓기는 신세가 되었다.

아키바는 집이 가난해서 학교에 다니지 못했기 때문에 읽고 쓰기를 제대로 하지 못했다. 아내가 공부하기를 간청하여 늦게 어린이들과 함께 학교에 다니게 되었다. 13년 후 공부를 마치고 돌아온 그는 당대의 우수한 학자로써 명성을 날리게 되었다.

그는 최초의 탈무드 편집자가 되었으며 의학, 천문학에도 조예가 깊었고 외국어에 능숙하여 여러 차례 유태인의 사절로 로마에 파견되기도 하였다.

서기 132년에 유태인들이 로마의 지배에서 벗어나려고 반란을 일으켰을 때 그는 정신적인 지도자였다. 반란이 진압되자 로마인은 학문을 하는 유태인은 누구나 사형에 처한다고 공포했다. 유태인들은 책으로 말미암아 참다운 유태인이 된다는 사실을 알고 있었기 때문이다.

이때 아키바는 다음과 같이 여우 이야기를 들려주었다.

어느 날 여우가 시냇가를 거닐고 있자니 물고기들이 다급하게 헤엄쳐 다니는 것을 보고 여우가 왜 그렇게 다급히 헤엄치고 있느냐고 물었다. 물고기는

"우리를 잡으러 올 그들이 무서워서 그러는 거예요"

라고 대답했다.

"그러면 이리로 나오렴."

언덕으로 올라오면 내가 지켜줄 것이니 안심해도 될 거야."

"여우 아저씨, 당신은 머리가 퍽 좋다고들 하던데 이제 보니 정말 바보로군요.

우리들이 이제까지 살아온 물속에서도 이렇게 두려움에 떨고 있는데 언덕으로 올라가면 무슨 변을 당하려구요."

요컨대 아키바는 유태인들에게는 학문이 물과 같아서 학문을 떠나면 죽을 것이니 무슨 일이 있어도 배워야 한다는 말이다.

아키바는 체포되어 로마로 끌려가 처형이 결정되었다. 십자가에 죽이는 것이 너무나 편안한 방법이므로 훨씬 더 혹독한 꼴을 당하게 해야 한다면서 불에 달군 이두로 몸을 지져서 죽이기로 했다.

유태인의 지도자라 해서 사령관이 현장에 입회했다. 마침 아침 시간이어서 유태인의 아침 기도 시간이 되었다. 새빨갛게 달군 인두로 몸을 지지면서도 그는 아침 기도문을 외우기

시작했다.

이 광경을 본 로마의 사령관은 눈을 휘둥그레 뜨고 아키바에게 물었다.

"그대는 심한 고통을 받으면서도 기도를 드릴 수 있는가?"

아키바는 대답한다.

"나는 하나님을 사랑하기 때문에 아침 기도를 빠뜨릴 수 없다.

지금 이런 죽음의 고통 속에서도 기도드릴 수 있는 나 자신을 발견하고 진심으로 하나님을 사랑하고 있음을 확인하게 되어 너무 기쁘다."

# 제2장
## 탈무드의 귀

## 마술의 사과

임금님에게 딸 하나가 있었다. 그런데 그 외동딸이 중병에 걸려 사경을 헤매게 되었다.

그래서 임금님은 자기 딸의 병을 고치는 사람은 딸을 주어 사위를 삼고 다음번 왕위까지 계승해 주겠노라고 공표를 했다. 한편 먼 시골에 삼형제가 살고 있었는데 어느 날 맏형이 망원경으로 그 공고문을 보고 형제들과 의논하여 공주를 구하기로 결정했다.

둘째는 마술의 양탄자를 가지고 있고 셋째는 마술의 사과를 가지고 있었다. 양탄자는 아무리 먼 거리도 순식간에 갈수 있었고 사과는 먹으면 어떤 병이라도 낫는 명약이었다. 그래서 세 사람은 양탄자를 타고 왕궁에 도착하여 사과를 공주에게 먹이자 공주의 병은 씻은 듯이 나았다.

모든 사람들이 뛸 듯이 기뻐했고 임금님의 기쁨은 이루 말할 수 없어 성대한 잔치를 열고 새로운 왕자를 발표하기로 했다.

그런데 형제간에 문제가 있었다. 맏형은

"내가 망원경으로 보지 않았다면 우리가 여기 오지 못했다." 라고 하고 둘째는

"만일 내가 마술의 양탄자로 날아오지 못했으면 이 먼 곳까지 올 수 없었다."

라고 하고 셋째는

"만일 내가 사과를 먹이지 않았으면 공주의 병은 고칠 수 없었다." 고 한다.

만일 당신이 그 임금님이라면 공주를 누구에게 주겠는가?

사과를 가지고 있던 셋째에게 주어야 한다.

망원경과 양탄자는 그대로 남아 있으나 사과는 먹었기 때문에 남아 있지 않은 것이다. 셋째는 공주를 위해서 모든 것을 주어 버렸던 것이다.

탈무드에 의하면

『무엇을 해 줄 때에는 모든 것을 아낌없이 바치는 것이 가장 귀한 것이다』라는 말이다.


## 그릇

총명한 머리를 가졌지만 얼굴이 추하게 생긴 랍비가 어느 날 공주를 만났다. 공주는 그를 보자

"그렇게 총명한 지혜가 이렇게 못생긴 그릇에서 들어 있군요."

하고 말했다.

그러자 랍비는

"공부님, 이 왕궁 안에 술이 있습니까?"

하고 물었다.

"보통 항아리나 주전자 같은 그릇에 들어 있지요."

하고 공주가 대답하자 랍비는 깜짝 놀라며 이렇게 말했다.

"로마의 공주 쯤 되시는 훌륭한 분이 금이나 은으로 된 그릇도 많을 텐데 왜 보잘 것 없는 그릇에 담아 놓았습니까?"

그러자 공주는 이제까지 금 그릇에 들어 있던 물을 보잘 것 없는 항아리에 옮겨 담고 싸구려 그릇에 들어 있던 술을 전부 금 그릇으로 옮겨 담았다.

술맛은 곧 변해 버렸다.

황제는 노하여 소리쳤다.

"누가 이런 그릇에다 술을 담았느냐?"

"죄송합니다. 좋은 그릇에 담아 주는 것이 좋을 듯해서 제가 그랬습니다."

하고 공주는 사과했다.

그리고 랍비에게 가서

"랍비님, 당신은 왜 나에게 그런 일을 권했지요?"

하고 화를 냈다.

그러자 랍비는

"나는 단지 공주님에게 가장 귀중한 것도 때로는 싸구려 그릇에 넣어 두는 편이 나을 경우가 있다는 것을 가르쳐 드리고 싶었을 뿐입니다."


## 세자매

옛날에 딸 셋을 둔 사나이가 있었다.

딸들은 모두가 미인이었다. 그러나 각자 결점 하나씩을 가지고 있었다.

하나는 게으름뱅이고 하나는 훔치는 버릇이 있고 또 하나는 험담하기를 좋아했다.

아들 삼 형제를 둔 어느 부자 집에서 청혼이 들어 왔기에 딸들의 결점을 말해 주었다. 그 부자는 책임지고 주의시켜 고쳐나가겠다고 말해 결혼을 성사시켰다.

시아버지는 게으름뱅이 며느리에게 많은 시종을 거느리게 해주고 손버릇이 나쁜 며느리에게 모든 창고의 열쇠를 내주고 험뜯는 며느리에는 매일 아침마다 오늘은 남을 험뜯어 말할 것이 없느냐고 물었다.

어느 날 친정아버지가 딸들의 결혼생활이 궁금하여 보러 갔다.

큰딸은 마음대로 게으름을 피울 수 있어 즐겁다고 말했다.

둘째 딸은 갖고 싶은 것을 마음대로 가질 수 있어 행복하다고 말했다. 그러나 셋째 딸은 시아버지가 자기에게 남녀 관계를 캐묻기 때문에 괴롭다고 말했다.

그러나 친정아버지는 셋째 딸의 말만은 믿지 않았다.

셋째 딸은 시아버지까지 헐뜯고 있었기 때문이다.


## 중상

세상의 모든 동물들이 한자리에 모여 뱀을 몰아세웠다.

"사자는 먹이를 쓰러뜨린 다음 먹고 이리는 먹이를 찢어내어 먹는다.

그런데 뱀아, 너는 먹이를 송두리째 삼켜버리는데 왜 그러지?"

뱀이 이렇게 대답했다.

"나는 그래도 남을 중상하는 자보다 낫다고 생각해 입으로 상대방에게 상처를 주지 않으니까."

## 혀 1

장사꾼이 거리를 돌아다니며

"인생의 비결을 살 사람은 없습니까?"

하고 큰 소리로 외치며 다녔다.

인생의 비결을 사기 위하여 순식간에 많은 사람들이 모여들었다.

그 중에는 랍비도 몇 사람 있었다.

"그 인생의 비결을 삽시다."

하고 사람들이 소리치자 상인은 이렇게 말했다.

"인생을 참되게 사는 비결은 자기의 혀를 조심해서 쓰는 일이요." 라고 말했다.


## 혀 2

랍비가 학생들을 위하여 만찬을 베풀었다. 소의 혀와 양의 혀로 만든 맛있는 요리가 나왔는데 그 음식 속에는 딱딱한 혀와 부드러운 혀가 있었다. 학생들은 다투어 부드러운 혀 만을 골라 먹었다. 그러자 랍비가 이렇게 말했다.

"너희들도 혀를 언제나 부드럽게 간직해야 한다.

딱딱한 혀를 가진 사람은 남을 화나게 하거나 불화를 가져오는 법이니까."


## 혀 3

랍비가 하인에게 시장에 가서 맛있는 음식을 사오라고 했더니 하인은 혀를 사왔다.

며칠 후에 랍비는 다시 그 하인에게 오늘은 좀 싼 것을 사오라고 했다. 그랬더니 하인이 또 혀를 사왔다.

그래서 랍비가

"요전에는 맛있는 것을 사오라고 하니까 혀를 사오더니 오늘은 싼 것을 사오라고 했는데 또 혀를 사왔으니 어찌된 일인가." 하고 묻자 하인은 이렇게 대답했다.

" 네. 혀는 좋을땐 아주 좋고 나쁠땐 그보다 더 나쁜 게 없습니다."

## 하나님이 맡긴 보석

메이어라는 랍비가 안식일 날 예배당에서 설교를 하고 있었다.

그때 집에서 두 아이가 죽었다.

그의 아내는 아이들의 시체를 이층에 옮겨 놓고 흰 천으로 덮어 주었다.

이윽고 랍비가 돌아오자 아내는 이렇게 말했다.

"나는 당신에게 물어 볼 말이 있어요. 어떤 사람이 나에게 아주 좋은 보석을 맡기면서 잘 보관해 달라고 했습니다.

그런데 그 분이 갑자기 맡긴 보석을 찾으러 왔습니다.

어떻게 해야 되지요?"

그러자 랍비가 말했다.

"그야 물론 보석을 주인에게 돌려주어야지."

그제서 야 아내는 사실을 말했다.

"사실은 조금 전에 하나님께서 맡겨 두셨던 두 개의 귀중한 보석을 찾아 가셨습니다."

랍비는 아내의 말을 이해하고 아무 말도 하지 않았다.

## 어떤 유서

예루살렘에서 멀리 떨어진 곳에 사는 한 유태인이 아들을 예루살렘에 있는 학교에 보냈다. 아들이 학교에서 공부하고 있는 동안 아버지는 병으로 죽게 되었다. 아들을 만날 수 없음을 알고 유서를 썼다.

전 재산을 한 노예에게 물려주되 단지 한 가지만 아들이 바라는 것을 아들에게 주도록 하는 것이었다.

마침내 아버지가 죽자 한 노예는 자기에게 행운이 온 것을 기뻐하며 유언장을 보였다. 아들은 장례를 치루고 곰곰이 생각하다가 랍비를 찾아가 상황을 설명 드렸다.

"아버지는 왜 저에게 유산을 하나도 물려주시지 않았을까요? 이제껏 저는 한 번도 아버지를 화나게 한 일도 없고 불평한 일도 없는데요."

라고 말하자 랍비는

"천만에, 당신의 아버지는 현명하신 분이었네.

자네를 진심으로 사랑하셨네.

이 유서를 보면 그것을 잘 알 수 있네." 하고 랍비는 말했다.

그러나 아들은

"노예에게 재산을 다 물려 주시고 자식에게는 아무것도 남겨 주시지 않다니 말이나 됩니까?

애정이라고는 조금도 없는 어리석은 행위로 밖에 생각되지 않습니다."

하고 원망스럽게 말했다.

그러자 랍비는 말했다.

"자네도 아버지만큼 현명하게 머리를 써야 하네.

자네 아버지가 진정으로 무엇을 바라고 계셨는지를 생각해 본다면 자네에게 훌륭한 유산을 남겨 주셨다는 사실을 알 수 있을 것일세.

아버지는 자신이 죽게 되면 그때 아들이 집에 없기 때문에 노예가 재산을 가지고 도망가거나 재산을 모두 탕진하며 심지어 아버지의 사망을 자식에게 알리지 않을 수 도 있다고 생각하시고 재산을 노예에게 준다고 하셨네.

재산을 받은 노예는 기쁜 나머지 자네에게 달려와 알림으로써 재산 모두가 안전하게 보존되리라 생각하신 것일세."

"그게 저에게 무슨 소용이 있습니까?"

"젊은 사람이라 역시 지혜가 미치지 못하는군.

노예의 재산은 모두 주인에게 속해 있다는 사실을 모르나?

자네 아버지는 자네가 원하는 한가지만은 자네에게 준다고 분명히 말씀하시지 않았나?

그러니까 자네는 노예를 선택하면 되는 걸세.

이 얼마나 현명하고 애정이 넘치는 생각인가."

그제서 야 젊은이는 아버지의 뜻을 깨닫고 랍비가 일러준 대로 한 다음 노예를 해방시켜 주었다.

그리고 그는 항상 나이 많으신 분의 지혜를 존경하게 되었다.


## 붕대

법이란 약과 같은 것이다.

어느 나라 임금이 상처를 입은 자기 아들에게 붕대를 감아 주면서 이렇게 말했다.

"이 붕대를 절대 풀지 마라.

이 붕대를 감고 있는 동안 너는 먹거나 달리거나 물에 들어가거나 결코 아프지 않을 거다.

하지만 붕대를 풀면 상처는 악화될 것이다."

인간도 마찬가지다.

인간의 마음속에는 악한 것을 바라는 성질이 있다.

그러나 법률을 지킴은, 많은 악으로부터 보호받을 수 있기 때문이다.

## 정의의 차이

알렉산더 대왕이 이스라엘에 왔을 때의 일이다. 한 유태인
이 그에게

"대왕께서는 우리들이 가지고 있는 금 은 보화가 탐이 나
시나요?"

하고 물었다. 그러자 알렉산더 대왕은 이렇게 말했다.

"나는 금 은 보화는 많이 가지고 있기 때문에 그런 건 조금
도 탐나지 않네. 단지 자네들 유태인의 습관과 유태인의 정의
를 알고 싶을 뿐일세."

대왕이 이스라엘에 머무르고 있는 동안 두 사나이가 랍비
를 찾아가 무슨 일을 상의해 왔다. 한 사람이 다른 사람으로
부터 넝마더미를 샀는데 그 속에서 많은 돈이 나왔다.

그래서 넝마를 산 사람이 판 사람을 찾아가 돈을 내밀며

"나는 넝마를 산 것이지 돈까지 산 것은 아니니 이 돈은 마
땅히 당신의 것이오."

그래서 랍비는 이런 판결을 내렸다.

"당신에게는 딸이 있고 또 당신에게는 아들이 있으니 그들
을 결혼시킨 다음 돈을 그들에게 넘겨주면 정의에 타당하게
되는 것이오."

뒤에 랍비는 대왕에게 물었다.

"대왕의 나라에서는 이런 경우 어떻게 판결을 내립니까?"

그러자 대왕이 이렇게 대답했다.

"우리나라에서는 두 사나이를 죽이고 돈을 내가 갖소. 이것이 내게 있어서는 정의요."


## 포도밭

어느 날 여우 한 마리가 포도밭가에서 어떻게 해서든 그 안으로 들어가려 하고 있었다. 그러나 울타리가 쳐 있어서 도무지 뚫고 들어갈 수가 없었다.

생각 끝에 여우는 사흘 동안 굶어 몸을 홀쭉하게 한 뒤에 가까스로 울타리 틈을 뚫고 들어가서 포도를 마음껏 따 먹을 수 있었다.

그리고 다시 나오려 했으나 배가 불러 나올 수가 없었다. 다시 사흘을 굶고 난 후에야 그 틈으로 빠져 나올 수 있었다. 그리고 여우는 이렇게 말했다.

'결국 배가 고프기는 들어갈 때나 나올 때나 마찬가지군.'

인생도 이와 마찬가지다. 사람은 누구나 알몸으로 태어났다가 죽을 때 역시 알몸으로 돌아가기 마련이다.

사람은 죽으면 가족과 부귀와 선행의 세 가지를 이 세상에 남긴다. 그러나 선행 이외에는 그리 대단한 것이 못된다.

## 복수와 증오

"자네 낫을 좀 빌려주게"
하고 한 사나이가 말했다.
그러자 상대방은
"그건 안 돼." 하고 거절했다.
얼마 후 거절한 사나이가
"자네 말을 좀 빌려주게." 하고 말했다.
그러자 상대방은 이렇게 말했다.
"자네가 낫을 빌려 주지 않았기 때문에 나도 말을 빌려 줄 수 없네."
이것은 복수다.
"자네 낫을 좀 빌려주게."
하고 한 사나이가 말했다. 그러자 상대방은
"그건 안 돼." 하고 거절했다.
얼마 후 반대로 거절한 사나이가

"자네 말을 좀 빌려주게."

하고 말했다.

그러자 상대방은 말을 빌려주며 이렇게 말했다.

"자네는 낫을 빌려 주지 않았지만 나는 자네에게 말을 빌려 주겠네."

이것은 증오다.


## 선과 악

대홍수 때 온갖 동물들이 노아의 방주로 몰려왔다.

선(善)도 숨을 헐떡이며 달려왔다. 그러나 노아는 선을 배에 오르지 못하게 했다.

"나는 짝이 있는 것 밖에는 태우지 않네."

하고 노아는 거절했다.

그러자 선은 다시 숲으로 돌아가 짝이 될 상대를 찾아 헤매었다. 이윽고 악(惡)을 데리고 배로 돌아왔다.

이때부터 선이 있는 곳에는 악이 있게 되었다.

## 나무의 열매

한 노인이 뜰에다 묘목을 심고 있었다. 지나가던 나그네가 그것을 보고 노인에게 물었다.

"노인께서는 그 나무에 언제쯤 열매가 달릴 것으로 생각하십니까?"

"70년쯤 지나면 달리겠지."

하고 노인은 말했다.

"노인께서 그때까지 사실 수 있을까요?"

하고 지나던 나그네가 묻자 노인은 대답했다.

"내가 태어났을 때 우리 과수원에 과일이 많이 달렸네.

그것은 내가 태어나기 수십 년 전에 아버지께서 나를 위해 심어 주셨기 때문이지.

이제 나도 아버지와 똑같은 일을 하는 걸세."


## 소경의 등불

한 사나이가 어두운 밤길을 걸어가고 있는데 맞은편에서 소경이 등불을 들고 걸어오고 있었다. 사나이가 소경에게

"당신은 소경인데 왜 등불이 필요하지요?"

하고 물었다.

그러자 소경은 이렇게 대답했다.

"내가 등불을 가지고 걸어가노라면 눈 뜬 사람이 이를 보고 소경이 걸어가고 있음을 알게 될 것이 아닙니까?"


## 일곱 번째의 사나이

어떤 랍비가

"내일 아침 여섯 사람이 모여서 이 문제를 해결하기로 합시다." 하고 말했다.

다음날 아침에 모인 사람은 일곱 명이었다. 부르지 않은 사나이가 하나 끼어 있었다. 랍비는 그 일곱 번째의 사나이가 누구인지 알 수 없었다. 그래서 랍비는

"여기에 있을 필요가 없는 사람은 당장 돌아가시오."

라고 말했다.

그러자 그 중에서 꼭 그 자리에 있어야 할 사람이 일어나 나가 버렸다. 왜 그랬을까? 그는 부름을 받지 않았는데 잘못 알고 나온 사람이 굴욕감을 느끼지 않게 하기 위해서 자진해

서 나갔던 것이다.


## 약속

한 예쁜 소녀가 가족들과 함께 여행을 하고 있었다. 그런데 어느 날 소녀는 잠깐 혼자서 산책을 하는 사이에 길을 잃고 우물가에 이르렀다.

소녀는 몹시 갈증이 나서 두레박줄을 타고 내려가 물을 마셨다. 그런데 다시 올라가려 하니 올라갈 수가 없었다. 그래서 소녀는 구원을 청하기 위하여 큰 소리로 울었다.

때마침 그 곳을 지나던 어떤 젊은이가 그 소녀를 구해주었고 둘은 깊은 사랑에 빠져 장래를 약속하게 되었다.

며칠 후 젊은이는 다시 길을 떠나지 않으면 안 되게 되어 소녀와 이별을 하게 되었다. 그리고 서로의 사랑을 약속하고 결혼 날까지 언제까지나 기다리자고 다짐했다.

젊은이는 두 사람의 약혼을 누구에게 증인이 되어 달라고 부탁하고자 했다. 때마침 족제비 한 마리가 숲 속으로 달려가는 것을 보았다.

"저 족제비와 이 우물을 증인으로 삼아요."

하고 소녀가 말했다.

둘은 약속하고 헤어졌다.

몇 해의 세월이 흘러 소녀는 변함없이 약속을 지키고 있었는데 젊은이는 먼 타관에서 결혼하여 아이까지 낳고 행복하게 살고 있었다.

그러던 어느 날 아이가 밖에서 놀다가 지쳐서 풀밭에서 잠들어 있을 때 족제비가 나타나 목을 물었다. 아이는 죽었다. 부모들은 슬픔에 빠졌다. 그러나 몇 해가 지나자 다시 아이가 태어나 그들은 다시 행복한 나날을 보냈다.

그 아이는 꽤 자라 걸어 나닐 수 있게 되었다. 그러나 아이는 어느 날 우물가에 물에 비친 여러 가지 그림자를 들여다보다가 그만 우물에 빠져 죽었다.

두 아이의 죽음을 보고서야 젊은이는 옛날의 약속을 생각해 냈다. 그리고 그때의 증인이 족제비와 우물이었다는 것도 생각났다. 그는 아내에게 이야기를 하고 두 사람은 이혼했다.

그는 소녀가 살고 있는 마을로 찾아갔다. 소녀는 그때까지 그를 기다리고 있었다.

두 사람은 결혼하여 행복하게 살았다.

## 가정과 평화

메이어라는 랍비는 설교를 매우 잘 하는 랍비로 알려져 있었다. 그는 매주 금요일 밤이면 예배당에서 설교를 했다. 많은 사람들이 그의 설교를 들으러 왔다.

그들 중에 그의 설교를 좋아하는 여인이 있었다. 다른 유태인의 여인들은 금요일 밤이면 다음날인 안식일에 먹을 음식을 장만하는데 그 여인은 메이어의 설교를 들으러 왔다.

메이어는 오랜 동안 설교를 했고 그 여인은 흐뭇한 마음으로 집에 돌아갔다. 그런데 남편이 문에서 기다리고 있었다. 그는 안식일인데 아직도 음식을 만들어 놓지 않았다고 화를 냈다. 그리고

"도대체 어디를 갔다가 오는 거야?"

하고 물었다.

그러자 아내는

"예배당에 가서 메이어 랍비님의 설교를 듣고 왔어요."

하고 대답했다.

그러자 남편은 버럭 화를 내며 이렇게 말했다.

"그 랍비의 얼굴에 침을 뱉고 오기 전에는 집에 들어오지 못해!"

남편에게 쫓겨난 아내는 하는 수 없이 친구의 집에 가서 머

물렀다. 이 소문을 들은 메이어는 자기의 설교가 너무 길었기 때문에 한 가정의 평화를 파괴해 놓았다고 후회했다. 그리고 그 여인을 불러 눈이 몹시 아프다고 호소했다.

"침으로 씻으면 약이 된다는 데 당신이 좀 씻어 주겠소."

이리하여 여인은 랍비의 눈에 침을 뱉었다.

제자들이 랍비에게 물었다.

"선생님께서는 덕망이 높으신 랍비님인데 왜 저 여자가 얼굴에 침을 뱉도록 용납하셨습니까?"

그러자 메이어는 이렇게 대답했다.

"가정의 평화를 위해서는 그보다 더한 일이라도 해야 하네."


## 지도자

뱀이 있었다.

뱀의 꼬리는 언제나 머리가 가는대로 따라다니기만 했다.

드디어 어느 날 꼬리가 불만을 터트려 머리에게 말했다.

"왜 나는 언제나 네 꽁무니만을 맹목적으로 따라다녀야 하고 네가 언제나 마음대로 나를 끌고 다니는 거지?"

이건 너무 불공평한 일이야. 나도 역시 뱀의 한 부분인데 언제나 노예처럼 따라다니기만 한다는 건 말이 안 되잖아?"

그러자 머리가 대답했다.

"그 바보 같은 소리 말아. 너한테는 앞을 볼 수 있는 눈도 없고 위험을 분간할 귀도 없고 행동을 결정할 두뇌도 없어. 나는 절대로 나 자신을 위해서 그렇게 하는 게 아니야. 너를 생각하기 때문에 언제나 너를 끌고 다니는 거야."

꼬리가 큰소리로 웃고 말했다.

"그따위 말은 싫도록 들어 왔어. 어떤 독재자나 폭군이나 모두 따르는 자들을 위해서 일한다는 구실로 제멋대로 행동하고 있는 거야."

그러자 머리는 하는 수 없이 이렇게 말했다.

"네가 정히 그렇게 말한다면 내가 하는 일을 네가 한번 해 보렴."

꼬리는 몹시 기뻐하며 앞에 나서서 먼저 움직이기 시작했다. 그러나 얼마 못가 도랑으로 떨어지고 말았다.

머리가 여러 가지로 생각하여 천신만고 끝에 뱀은 겨우 도랑에서 나왔다. 또 얼마를 기어가자 꼬리는 가시투성이의 덤불 속으로 들어가고 말았다. 꼬리가 애를 쓸수록 가시가 점점 찔러 어떻게 할 도리가 없었다.

이번에도 머리의 도움으로 뱀은 상처투성이가 되어 가까스로 가시덤불에서 빠져나왔다. 꼬리가 다시 앞장서서 나가다가 이번에는 불이 타고 있는 속으로 들어가고 말았다. 점점 몸이 뜨거워지더니 갑자기 앞이 캄캄해졌다.

뱀은 두려움에 떨었다. 다급해진 머리가 필사적으로 구출하려 했지만 때는 이미 늦었다. 몸은 불타고 머리도 함께 죽어 버렸다.

머리는 결국 맹목적인 꼬리 때문에 죽었던 것이다. 그러므로 지도자를 선택할 때는 언제나 머리를 선택해야지 꼬리와 같은 자를 선택해서는 안 된다.


## 세 가지 현명한 행동

예루살렘에 사는 사람이 여행을 하는 도중에 병이 들었다. 그는 회생할 가망이 없다는 것을 알고 여관 주인을 불러 이렇게 말했다.

"나는 곧 죽을 것 같소.

내가 죽었다는 소식을 듣고 내 아들이 찾아오거든 이 소지품을 내 아들에게 전해주시오.

그러나 그가 세 가지 현명한 행동을 해야만 주기 바라오. 내가 여행을 떠날 때 내 아들에게 내 유산을 상속받기 위해서는 세 가지 현명한 행동을 해야 한다고 일러 두었던 것입니다."

그 여행자가 죽고 그의 죽음을 아들에게 전했다. 소식을 들은 아들은 아버지가 돌아가셨다는 마을로 찾아갔다.

그는 아버지가 죽은 여관을 모른다.

그것은 아버지가 여관을 일러주지 말라고 미리 말해 두었기 때문에 아들은 자기 스스로 여관을 찾아야만 했다.

마침내 그 마을에 이르러 먼저 지나가는 나무장수를 불러 세우고 나무를 산 다음 예루살렘에서 온 여행자가 죽은 여관에 배달해 달라고 부탁하고 그 나무장수의 뒤를 따라 여관에 도착했다.

그런데 여관주인은 자기는 나무를 산 일이 없다고 했다.

나무장수가 말했다.

"내 뒤를 따라오는 분이 이 나무를 여기로 배달하라고 했습니다."

이것이 아들의 첫 번째 현명한 행동이었다.

여관 주인은 그를 기쁘게 맞이한 다음 저녁식사를 내왔다. 식탁에는 다섯 마리의 비둘기 요리와 한 마리의 닭고기 요리가 나왔다. 그리고 주인내외, 주인의 두 아들과 두 딸, 일곱 사람이 식탁에 앉았다.

주인이 입을 열었다.

"자 그럼 음식을 모두에게 나누어 주십시오."

그러자 아들이

"아닙니다. 그건 주인께서 나누어 주셔야지요."

라고 말하자 주인 역시

"아닙니다. 손님이 좋을 대로 나누셔야지요."

라고 말했다.

그래서 여행자의 아들은 주인의 요청대로 음식을 나누어 담기 시작했다.

먼저 비둘기 한 마리를 두 아들에게 주고 또 한 마리는 두 딸에게, 그리고 또 한 마리는 주인 내외에게 주고 나머지 두 마리는 자기 접시에 올려놓았다.

그것이 그 아들의 두 번째 현명한 일이었다.

이 광경을 본 주인은 마음이 상했지만 말은 하지 않았다.

다음은 닭고기 요리를 나눌 차례였다.

그는 먼저 머리를 떼어 주인 내외에게 주고 두 다리는 두 아들에게 주고 두 날개는 두 딸에게 각기 나눠준 뒤 나머지 몸통은 자기 접시에 담았다.

그것이 아들의 세 번째 현명한 일이었다.

드디어 화가 난 주인이 버럭 소리를 질렀다.

"당신 고향에서는 이렇게 합니까?

당신이 비둘기를 나눌 때 까지는 가만히 보고만 있었소. 그런데 닭고기를 나누어 주는걸 보니 참을 수가 없소. 대체 이게 무슨 짓이오?"

그러자 멀리서 온 아들은 이렇게 대답했다.

"나는 처음부터 음식을 나누는 일을 하고 싶지 않았습니다. 하지만 주인의 청을 거절하지 못하고 최선을 다해 나눈 것입니다.

이렇게 나눈 이유를 설명하겠습니다.

주인 내외와 비둘기 한 마리 모두 셋이 되지요. 두 아드님과 비둘기 한 마리 그렇게 셋이며 두 따님과 비둘기 한 마리 그렇게 셋이며 그리고 나와 비둘기 두 마리 그렇게 셋이니 이것보다 더 공정한 분배가 어디 있겠습니까? 또 주인 내외분께서는 이 집안의 어른이시니 머리를 드린 것이며 두 아드님은 이 집안의 기둥이시니 두 다리를 드렸고 두 따님은 머지않아 시집을 가실 터이니 두 날개를 드렸으며 저는 배를 타고 왔고 또 배를 타고 가야 할 사람이라 배와 비슷한 몸통을 가진 것입니다.

어서 제 부친의 유산을 주십시오."

라고 젊은이는 침착하게 말했다.

## 섹스

한 젊은 남자가 어떤 여자를 깊이 짝사랑하여 상사병으로 드러눕게 되었다.

그를 진찰한 의사는,

"이 병은 당신 자신의 생각으로 난 병이니 그 여자와 육체적 관계를 하면 병이 나을 것이오."

라는 처방을 내렸다.

그래서 그 청년은 랍비를 찾아가 의사의 처방 법을 이야기하고 어떻게 했으면 좋겠느냐고 물었다.

랍비는 성관계를 하면 안 된다고 말했다. 다시 청년은 그러면 그 여자가 옷을 모두 벗은 채 자기 앞에 서고, 자기는 마음으로만 소원을 풀어서 병을 고치면 어떻겠냐고 물었다.

랍비는 그것도 안 된다고 말했다.

그렇다면 그 여자와 담을 사이에 두고 이야기만 함으로써 병을 낳게 하는 것은 어떻겠냐고 물었으나 랍비는 그것마저 안 된다고 거절했다.

물론 탈무드에서는 그 여자가 유부녀인지에 대해서는 말하지 않고 있다. 그 청년과 주위의 사람들이 랍비에게 왜 선생님은 그 모든 조건을 단호하게 거절하시는 겁니까? 라고 묻자 랍비의 대답은 이런 것이었다.

"모름지기 사람은 순결해야 합니다. 만약 마음만 통한다고 누구나 육체관계를 한다면 이 세상의 질서도 무너져 버릴 수밖에 없을 것입니다."


## 제일 소중한 재산

어떤 배 안에서 생긴 이야기 하나다. 그 배에는 부자 승객만이 타고 있었다. 그러나 그 중 한 사람은 랍비가 타고 있었다. 승객들은 서로 자기들의 재산을 자랑하고 있었다.

그때 랍비가 말했다.

"내가 제일 큰 부자라고 생각하지만 지금은 내 재산을 공개 할 수가 없습니다."

얼마 후 해적들이 나타나 그 배를 습격해서 부자들의 모든 재산을 털어갔다. 해적들이 물러가고 그 배가 어느 항구에 닿았다. 랍비는 지혜와 덕망이 항구 사람들에게 인정되어 학생들을 가르치게 되었다. 그로부터 얼마 후 랍비는 오래 전 배에 함께 탔던 부자들을 만났는데 모두가 비참한 가난뱅이가 되어 있었다.

"당신의 그 말이 맞았습니다. 지식을 가지고 있는 사람은 세상의 모든 것을 가지고 있는 것과 같습니다."

그때부터 지식은 누구에게 빼앗기는 일이 없이 지니고 다닐 수 있기 때문에 교육이 가장 귀중한 재산이라는 말이 생겨났다.


## 가난뱅이

갑자기 벼락부자가 된 가난뱅이가 있었다. 랍비 힐렐은 그에게 말 한필과 마부를 주었다.

어느 날 마부가 없었다. 그 벼락부자는 자기 자신이 말을 앞에서 끌고 3마일이나 걸어갔다.


## 천국과 지옥

한 사나이가 아버지에게 살찐 닭을 잡아 드렸다.

"이렇게 살찐 닭이 어디서 났느냐?"

하고 묻자 아들은

"아버지 그런 걱정은 하지 마시고 어서 많이 잡수세요."

라고 말했다. 그래서 아버지는 잠자코 있었다.

또 한 사나이는 방앗간에서 밀가루를 빻고 있었는데 왕이 전국의 방아쟁이들을 소집한다는 포고령을 내려 아버지를 자기 대신 방앗간에서 일하게 하고 자기가 왕이 있는 도성으로 갔다.

당신은 이 두 아들 중에서 누가 천국으로 가고 누가 지옥에 떨어졌다고 생각하는가?

그리고 왜 그런가?

뒤의 사나이는 왕이 강제로 소집한 노동자들을 혹사하여 매질을 하고 좋은 음식도 주지 않을 것을 알고 있었기 때문에 아버지 대신 자기가 갔던 것이다. 그래서 그는 죽어서 천국으로 갔다.

그러나 아버지에게 살찐 닭을 잡아드린 사나이는 아버지가 묻는 말에 대답을 제대로 하지 않았다. 그래서 그는 지옥으로 갔다. 정성이 깃든 대접이 아니라면 차라리 부모에게 일을 시키는 편이 낫다.

## 세 친구

한 젊은이가 왕으로부터 부름을 받았다. 그에게는 세 명의 친구가 있었는데 한 친구는 매우 사랑하고 다정한 친구라고 생각하고 있었고 또 한명의 친구는 역시 사랑하고는 있지만 앞의 친구만큼 소중하게 생각하고 있지는 않았다. 그리고 나머지 한명의 친구는 친구라고는 생각하고 있었지만 별로 관심을 가지지는 않았다.

왕의 부름을 받자 그는 자기가 혹시 무슨 나쁜 짓을 해서 벌을 내리려고 하는 것이 아닐까 두려워 혼자서 왕에게 갈 용기가 나지 않아 세 친구들에게 같이 가자고 부탁했다.

그는 먼저 가장 소중히 여기는 친구에게 부탁했으나 그 친구는 이유도 말하지 않고 싫다고 거절했다. 두 번째 친구에게 부탁하자,

"대궐 문 밖에까지는 같이 갈 수 있지만 더 이상은 안 되겠네."

라고 말했다. 마지막 친구에게 부탁하자,

"그래 같이 가지 자네는 어떤 나쁜 짓을 하지 않았으니까 조금도 걱정할 것 없네. 내가 같이 가서 왕에게 사실대로 말씀드려 주겠네."

라고 말했다.

왜 그들은 각기 다른 태도를 가졌을까? 생각해 보기로 하자.

맨 처음 친구는 재산과 같은 것이다. 사람이 아무리 재산을 소중히 여기고 사랑한다 해도 죽을 때는 고스란히 남겨두고 가야한다.

그 다음 친구는 친척과 같은 친구이다. 무덤까지는 따라가 주지만 남겨두고 가야만 한다.

마지막 친구는 선행과 같은 것이어서 착한 행실은 평소에는 별로 마음을 끌지 못하지만 죽은 뒤에는 영원히 함께 있게 마련이다.


## 술의 기원

이 세상에서 최초의 인간이 포도나무를 심고 있는데 악마가 찾아와서는 무엇을 하고 있느냐고 물었다.

"나는 지금 신기한 식물을 심고 있지."

하고 대답하자 악마는

"이거 처음 보는 식물이군."

그러자 사람은 악마에게 이렇게 설명해 주었다.

"이 식물에는 아주 맛있는 열매가 열리는데 이 국물을 먹으면 아주 행복해진다구."

그러자 악마는 자기와 동업하자고 부탁하면서 양과 원숭이와 사자와 돼지를 끌고 와서 그것들을 죽여 그 피로 거름을 주었다.

포도주는 이렇게 해서 생겨난 것이다.

술은 처음 마실 때는 양처럼 순하고 조금 더 취하면 원숭이처럼 춤추고 더 취하면 사자처럼 사나워지고 더 마시면 돼지처럼 추해지거나 토하고 뒹굴게 된다. 이것은 악마가 인간에게 준 선물인 것이다.


## 효도

고대 이스라엘의 두마라는 곳에 한 사나이가 살고 있었는데 그는 금화 6천개에 해당하는 큰 다이아몬드를 가지고 있었다.

어느 날 랍비가 사원 침전의 장식으로 쓰기위해 금화 6천개를 가지고 그 집으로 다이아몬드를 사러 갔다. 그런데 공교롭게도 그 다이아몬드를 넣어둔 금고의 열쇠를 베개 밑에 넣고 그의 아버지가 낮잠을 주무시고 계셨다.

"주무시는 아버지를 깨시게 할 수는 없습니다. 다이아몬드는 팔지 못하겠습니다."

하고 사나이는 말했다.

그만큼 돈벌이가 있는데도 잠자는 아버지를 깨우지 않는다는 것은 대단한 효도라고 감탄하여 랍비는 이 이야기를 사람들에게 들려주었다.


## 어머니

랍비가 어머니와 둘이서 길을 가고 있었다. 돌이 많고 울퉁불퉁한 길이 힘들었다. 그래서 그 랍비는 어머니가 걸음을 옮길 때마다 자기의 손으로 어머니의 발을 받치며 갔다.

탈무드 안에 부모가 이야기 되는 곳에 꼭 아버지를 먼저 내세우는데 오직 이 이야기만이 유일하게 어머니에 대한 이야기이다. 이는 어머니도 아버지만큼 소중하다는 것을 말해 주기 위해서일 것이다.

그러나 만일 부모가 같이 물을 마시고 싶다고 하면 물은 먼저 아버지에게 가져간다. 왜냐하면 어머니도 아버지를 섬길 입장이며 어머니에게 먼저 물을 가져간대도 어머니는 자기가 먼저 마시지 않고 아버지에게 건네 줄 것이기 때문이다.


## 처형

어린 아이를 죽였다는 혐의로 재판에 회부된 한 마리의 닭이 있었다. 그 닭은 태어난지 얼마 안 되어 요람에 누워 있는 어린아이의 머리를 쪼아 죽게 한 것이다.

증인이 출두하여 그 사실을 증언했고 가엾게도 그 닭은 유죄판결로 사형에 처했다.

이 이야기는 아무리 닭이라 할지라도 속인으로 유죄 판결을 받지 않는 한 경솔히 처형해서는 안 된다는 그런 교훈의 이야기이다.


## 어울리기 어려운 사이

양과 호랑이가 울안에서 같이 지낼 수 있을까요? 그렇지는 못하다.

사람도 같다. 홀아비 시아버지와 과부 며느리는 한 지붕 밑에서 살지 못한다.


## 두 시간의 길이

왕에게 포도원이 있었다.

그 포도원에는 많은 노동자들이 일하고 있었는데, 그 중에 한 노동자는 비상한 능력이 있어 남달리 뛰어났다.

어느 날 왕이 포도원을 방문하여 그 뛰어난 노동자와 포도원 내를 같이 산책했다.

유태인의 전통에 따르면 품삯은 매일 동전으로 지불되었다.

하루의 일이 끝나 품삯을 받으려고 노동자들이 줄을 지어 섰다.

노동자들은 모두 같은 삯을 받았다.

그런데 그 뛰어난 노동자도 같은 품삯을 받자 다른 노동자들이 화를 내며,

"이 사람은 두 시간밖에 일하지 않고 나머지 시간은 임금님과 산책만 했는데도 우리와 똑같은 품삯을 받을 수 있습니까? 말도 안 됩니다."

하고 왕에게 항의를 했다.

그러자 왕은 이렇게 말했다.

"너희들이 하루 걸려서 일한 양만큼 이 사람은 두 시간동안에 해냈다."

오늘 28세로 죽은 랍비도 다른 사람들이 백년을 산 것보다도 더 많은 일을 했다. 이는 몇 해를 살았는가 하는 것이 중요한 것이 아니라 무엇을 하면서 살았는가가 중요하다.


## 일곱 번의 변화

탈무드에 의하면 남자의 일생은 일곱 단계로 나뉜다.

1. 한 살은 임금님—모든 사람들이 모여서 받들 듯이 달래주고 기분을 맞춰준다.

2. 두 살은 돼지—진흙탕 속을 뛰어 다닌다

3. 열 살은 새끼 양—웃고 떠들고 뛰어 다닌다.

4. 열여덟 살은 말—다 자라서 힘을 뽐내고 싶어 한다.

5. 결혼하면 당나귀- 가정이라는 무거운 짐을 지고 터벅터벅 걸어가야 한다.

6. 중년은 개- 가족을 부양하기 위하여 사람들의 호의를 구걸한다.

7. 노년은 원숭이-어린애와 같아지지만 아무도 관심을 기울여 주지 않는다.


## 자루

쇠가 처음 만들어 졌을 때 이 세상의 모든 나무들이 두려움에 떨었다. 그러자 하나님이 나무들에게 말씀하셨다.
"근심할 것 없다. 쇠는 너희들이 자루를 제공해 주지 않는한 결코 너희들을 해칠 수 없느니."

## 영원한 생명

　랍비가 시장 속에서 사람들에게 소리쳤다.

　"여기 시장 안에는 영원한 생명을 약속하기에 적당한 사람이 있소." 라고

　그러나 시장 안에는 그럴만한 사람이 있을 것 같지 않았다.

　그때 사람이 랍비 앞으로 다가왔다.

　그러자 랍비는

　"이 사람들을 보시오, 이들이야 말로 선행을 한 사람들이요. 영원한 생명을 받기에 족한 사람들이요."

　사람들은 그 두 사람에게 물었다.

　"당신들은 도대체 무슨 장사를 하는 사람들입니까?"

　그러자 그들은 이렇게 대답했다.

　"우리는 어릿광대입니다. 쓸쓸한 사람에게 웃음을 주었고 다투는 사람에게 평화를 선사하는 어릿광대입니다."


## 거미와 모기와 미치광이

　다윗 왕은 평소에 거미를 쓸모없는 벌레라고 생각하고 있

었다. 왜냐하면 그 거미는 아무데서나 집을 짓는 더러운 동물이라고 생각했기 때문이다.

그런데 어느 전쟁에서 적군에 포위되어 위기에 처했다. 다급한 길에 어느 동굴 속에 숨게 되었다. 그런데 그 동굴 입구에 마침 한 마리의 거미가 거미줄을 치기 시작했다. 조금 있다 그를 추격해 온 적군은 동굴 입구에 이르러 입구에 거미줄이 쳐 있는 것을 보고 그대로 돌아가고 말았다.

또 이런 일도 있다.

다윗왕은 적군의 장군이 잠자고 있는 막사에 몰래 숨어 들어가 그의 칼을 훔쳐 온 뒤에,

"나는 그대의 칼을 여기에 가지고 있소. 내가 이 칼을 빼올 정도니 마음만 있으면 당신을 죽일 수도 있었소."

함으로써 그를 감동시킬 계획을 세웠다. 그러나 기회가 좀처럼 오지 않았다. 그러던 중에 간신히 기회가 되어 그의 막사에 숨어 들어갈 수 있게 되었다.

칼이 장군의 발밑에 깔려 있어서 좀처럼 빼낼 수가 없었다.

그때 한 마리의 모기가 장군의 발바닥에 붙었다.

장군이 발을 치우는 순간 다윗은 칼을 빼낼 수 있었다.

또 이런 일도 있었다.

다윗 왕이 적군에 포위되어 위기가 닥치고 있었다. 그 때 그는 갑자기 미치광이 짓을 했다.

적군은 설마 왕이 저런 미치광이는 아니겠지 생각하고 그를 지나쳐서 위기를 모면한 일이 있다.

무엇이나 세상에는 쓸모없는 것이 없다. 그러므로 아무리 보잘 것 없는 것일지라도 소홀히 해서는 안 된다.


## 교훈적인 이야기

배가 항해를 하고 있을 때 바람이 불고 파도가 높게 일더니 심한 폭풍우가 몰아쳐 배가 항로를 잃고 말았다.

아침이 되자 바다는 다시 조용해지고 어느 아름다운 섬에 다다랐다. 배는 닻을 내리고 잠시 동안 쉬어 가기도 했다.

그 섬에는 천자만홍의 아름다운 꽃들이 만발해 있고 맛있는 과일들이 주렁주렁 달린 나무들이 신선한 녹음을 드리우고 온갖 새들이 다정하게 지저귀고 있었다.

배에서 내린 손님들은 다섯 그룹으로 나뉘었다.

첫째 그룹은 자기들이 섬에 올라가 있는 동안 순풍이 불어 배가 떠나버릴지도 모른다고 생각했기 때문에 아무리 섬이 아름다울지라도 빨리 자기들의 목적지로 가고 싶다고 하면서 아예 상륙조차 하지 않고 배에 남아 있었다.

둘째 그룹은 서둘러 섬으로 올라가서 향기로운 꽃향기를 맞고 나무그늘 아래서 맛있는 과일을 따먹어 기운을 회복하자 곧 배로 돌아왔다.

셋째 그룹은 섬에 올라가 너무 오래 있다가 순풍이 불자 배가 떠나는 줄 알고 허겁지겁 돌아왔기 때문에 소지품을 분실하고 자기들이 앉았던 배 안의 좋은 자리를 빼앗기고 말았다.

넷째 그룹은 순풍이 불어 선원들이 닻을 걷어 올리는 것을 보았지만 돛을 달려면 아직 시간이 있고 선장이 자기들을 남겨두고 떠나지는 않을 것이라는 등의 이유를 붙여 그대로 섬에 있었다.

그러다가 막상 배가 포구를 떠나가자 허둥지둥 헤엄을 쳐서 가까스로 배에 올랐다. 그래서 바위와 뱃전에 부딪친 상처는 항해가 끝날 때 까지 아물지 않았다.

다섯째 그룹은 너무 먹고 아름다운 경치에 도취되어 배가 출항을 알리는 종소리조차 듣지 못했다. 그래서 숲속의 맹수들에게 잡아먹히기도 하고 독이 있는 열매를 먹어 병이 들기도 하여 마침내는 전멸하고 말았다.

당신이라면 어느 그룹에 속했겠는가? 잠시 생각해 보기 바란다.

이 이야기에 나오는 배는 인생에 있어서의 선행을 상징하고 있다. 그리고 섬은 쾌락을 상징하고 있다.

첫째 그룹은 인생에서 쾌락을 전혀 맛보려고 조차 하지 않았다.

둘째 그룹은 쾌락을 조금 맛보았지만 배를 타고 목적지까지 가야만 한다는 의무는 잃어버리지 않았다. 이것이 가장 현명한 그룹이다.

셋째 그룹은 쾌락에 지나치게 빠지지 않고 돌아오기는 했지만 역시 고생을 조금했고 넷째 그룹은 결국 선행으로 돌아오기는 했지만 그것이 너무 늦어 목적지에 도착할 때까지 상처가 가시질 않았다.

그러나 인간이 빠지기 쉬운 것이 다섯째 그룹이다. 일생 동안 허영을 위하여 살거나 앞날의 일을 잊어버리고 살거나 하여 달콤한 과일 속에 독이 들어있는 것도 모르고 먹게 마련이다.


## 사랑의 편지

젊은 남자와 아름다운 아가씨가 살고 있었다.

둘은 서로 사랑했고 젊은 아가씨에게 일생동안 성실할 것을 맹세했다.

두 사람은 얼마동안 행복한 나날을 보냈다. 그러던 어느 날 그 남자는 아가씨를 남겨둔 체 여행을 떠났다.

오랫동안 기다렸으나 그 남자는 돌아오지 않았다. 다정한 친구들은 그 아가씨를 동정했고 그녀를 시기하는 사람들은 그는 절대로 오지 않는다고 조롱했다.

아가씨는 집으로 돌아가 그가 일생동안 성실할 것을 맹세한 편지를 꺼내어 읽었다. 편지는 아가씨를 위로해 주었고 그 편지로 힘을 얻었다.

어느 날 그의 애인이 돌아 왔다. 아가씨는 오랫동안의 슬픔을 그에게 말했다. 애인은

"그렇게 괴로웠는데 어째서 나만을 기다리고 있었지?"

하고 물었다.

"저는 이스라엘 국가와 같은 걸요."

아가씨는 웃으며 말했다.

이스라엘이 다른 나라의 지배하에 있을 때 다른 나라 사람들은 유태인을 비웃었다. 이스라엘이 곧 독립하게 된다는 현인의 말을 비웃었다. 그들은 유랑하는 민족으로써 유랑하는 곳에서 학교나 그들의 예배의 장소에서 이스라엘을 지켜 왔다. 유태인들은 하나님이 이스라엘에 주신 계약을 계속 읽어 그 거룩한 약속을 알고 살아왔다. 하나님은 그 약속을 지켰다. 그래서 이스라엘은 드디어 독립했다. 이 이야기의 아가씨도 애인이 맹세한 편지를 읽음으로써 그를 믿고 그가 돌아오

기를 기다리고 있었기 때문에 자기는 이스라엘과 같다고 말한 것이다.


## 나무지붕

유태인의 풍습 가운데 사내아이가 탄생하면 삼나무를 심고 계집아이가 태어나면 소나무를 심는다. 그리고 두 사람이 결혼할 때면 그 삼나무 가지와 소나무 가지로 나무 지붕을 만들어 두 사람이 들어갈 집의 지붕을 덮는다.

누구나 신부와 신랑이 나무 지붕 밑으로 들어가는 것은 알고 있지만 그 다음에 어떤 일이 일어나는지는 말해서는 안 된다.


## 참다운 이득

몇 사람의 랍비가 악인의 무리와 마주쳤다.

그 악인들은 사람의 뼈 속까지 먹어치울 만한 인간들이었다. 세상에 그들처럼 교활하고 잔인한 인간은 없었다.

랍비 한 사람이 이와 같은 인간들은 모두 물에 빠져 죽어버리기나 했으면 좋겠다고 말했다.

그러자 그들 중에서 가장 위대한 랍비가 이렇게 말했다.

"아니요. 유태인으로써 그런 생각을 가져서는 안돼요. 아무리 이 사람들이 죽어버리는 편이 낫다고 하더라도 그런 기도를 해서는 안돼요. 악인들이 죽기를 바라기보다는 악인들이 회개하기를 바래야 해요."

악인을 벌하는 것은 이쪽에 아무런 이득도 되지 않는다. 그들로 하여금 잘못을 뉘우치게 하고 이편 사람이 되게 하지 않는 한 손해가 될 뿐이다.


## 남긴 것

구약성서에서는 인류의 첫 번째 여성은 아담의 갈비뼈 한 개를 뽑아 만들었다고 씌어 있다.

로마의 황제가 어느 날 한 랍비의 집을 찾아가,

"하나님은 도둑이란 말이다. 어째서 남자가 잠자고 있을 때 그의 허락도 없이 갈비뼈를 훔쳐갔지?"

하고 물었다.

그러자 옆에 있던 랍비의 딸이 말참견을 했다.

"폐하, 폐하의 부하를 한 사람 빌려 주십시오. 좀 곤란한 문제가 생겨서 그것을 조사시켰으면 합니다."

"그야 어렵지 않지, 하지만 그 곤란한 문제란 무엇이지?"

"사실은 어젯밤 집에 도둑이 들어 금고를 훔쳐 갔습니다. 그런데 도둑은 대신 황금 항아리를 놓고 간 것입니다. 그래서 어째서 그렇게 되었는지 조사해 보고 싶은 것입니다."

"호 그것 참 부러운 이야기로군. 그런 도둑이라면 우리 집에도 들어왔으면 좋겠군."

그러자 랍비의 딸은 이렇게 말했다.

"그러실 것입니다. 하지만 그것은 결국 아담의 몸에 일어났던 일과 같지 않습니까? 하나님께선 갈비뼈 한 개를 훔쳐 가셨지만 그 대신 이 세상에 여자를 남기신 것입니다."

## 여성 상위

선량한 부부가 어쩌다 이혼을 했다. 그 뒤에 남편은 새 장가를 들었는데 불행히도 악처를 얻게 되었다. 먼저의 아내도 재혼을 했는데 역시 악한 남편을 만나게 되었다. 그러나 그의 새 남편은 새 아내를 닮아 선량한 사람이 되었다.

남자는 언제나 여자의 조종을 받기 마련이다.


## 은자

유태인 중의 한 사람이 만일 십년공부를 위해 속세를 떠난
다면,

그는 10년 후에는 하나님께 재물을 바치고 용서를 빌어야
한다. 왜냐하면 아무리 훌륭한 공부를 한다 해도 사회로부터
자신을 격리시키는 것은 죄악이다. 그래서 유태인의 사회에
는 은자가 없다.


## 법률

유태인의 법률에는 대부분의 사람들이 지킬 수 없는 법률
을 만들어서는 안 된다는 원칙이 있다.

## 벌거벗은 임금님

마음씨가 몹시 착한 부자가 있었다. 그는 하인이었던 노예를 기쁘게 해 주기 위해 배에 많은 물건을 실어 그에게 주면서 어디나 마음대로 좋은 곳을 찾아가 그곳에서 물건을 팔아 행복하게 살라고 해방시켜 주었다.

이윽고 배는 넓은 바다로 나갔다. 그런데 폭풍을 만나 배는 잘못되고 말았다. 배에 실었던 물건들을 다 잃고 노예는 몸뚱이 하나만 빠져나와 가까스로 헤엄쳐 가까운 섬에 이르렀다.

그러나 모든 것을 잃고 고독했기 때문에 몹시 슬픔에 잠겨 있었다.

섬 안으로 얼마를 걸어 들어가니 큰 마을이 있었다.

그는 옷조차 입지 않은 채 알몸뚱이였다. 그런데도 그가 마을에 이르자 마을 사람들이 모두 나와 환호성을 올리며 그를 맞아들여 임금님 만세라고 외친 다음 그를 왕으로 삼았다.

그는 호화스런 궁전에 살면서도 꿈을 꾸고 있는 것만 같았다. 아무래도 믿을 수가 없어 한 사나이에게 물었다.

"도대체 어떻게 된 일인가? 나는 여기에 맨몸으로 도착했는데 갑자기 나를 왕으로 받들어 주다니 어찌된 영문인가?"

그러자 사나이는 이렇게 대답했다.

"우리들은 살아 있는 인간이 아닙니다. 영혼이랍니다. 그래서 해마다 한 번씩 산 인간이 이 섬으로 와서 우리들의 임금님이 되어 주기를 바라고 있는 것입니다. 그러나 조심하셔야 합니다. 임금님께서는 1년이 지나면 이 섬에서 추방되어 생물도 없고 먹을 것도 하나 없는 섬으로 혼자 가셔야 할 것입니다."

왕이 된 노예는 그에게 감사했다.

"정말 고맙네, 그렇다면 지금부터 1년 후를 위해서 여러 가지 준비를 해야겠군."

그리고서 그는 사막과 같은 섬으로 가서 꽃도 심고 과일나무도 심어 1년 후에 대비하기 시작했다.

1년이 지나자 그는 그 즐거운 섬에서 추방되었다. 이제까지 호화스러운 생활을 하던 왕이었는데도 그는 이 섬에 왔을 때와 똑같은 알몸뚱이로 죽음의 섬을 향해서 떠나야 했다.

사막처럼 황폐하던 섬에 도착하여 보니 꽃이 피고 과일이 달린 아름다운 고장으로 바뀌어 있었다. 또 그 섬으로 먼저 추방되어 온 사람들도 그를 따뜻하게 맞아 주었다.

이리하여 그는 그들과 함께 행복하게 살았다.

이 이야기는 여러 가지 상징을 말해 주고 있다. 우선 처음의 선량한 부자는 하나님이고, 노예는 인간의 영혼, 그가 처음에 간 섬은 세계, 그 섬의 주민들은 인류요 1년 후에 간 섬은 내세, 거기에 있는 꽃과 과일은 선행이다.

## 만찬회

왕이 하인들을 만찬회에 초대했다. 그러나 만찬회가 언제 열리는지는 알려 주지 않았다.

현명한 하인은 '임금님의 일이니까 만찬회는 아무 때고 열 수 있을 거야. 그 만찬회에 참석하도록 만반의 준비를 해야지' 생각하고 대궐 문 앞에 가서 기다리고 있었다.

그러나 어리석은 하인은 '만찬회 준비를 하자면 시간이 걸릴 거야 그러니 만찬회가 열릴 때까지는 아직도 시간이 멀었어.' 생각하고 아무런 준비도 하고 있지 않았다.

만찬회가 열리자 현명한 하인은 곧 참석하여 맛있는 음식을 먹었지만 어리석은 하인은 만찬회에 참석하지 못했다.

당신도 언제 하나님의 부름을 받을지 모른다. 하나님으로부터 만찬회에 초대를 받았을 때 당황하지 않고 나갈 수 있도록 항상 준비를 해 놓도록 노력하라.


## 육체와 정신

한 왕에게 오차 라고 하는 마주 맛있는 과일이 달리는 나무가 있었다. 그리고 과일나무를 지키기 위하여 두 사람의 경비원을 고용했다. 한 사람은 소경이고 또 한사람은 절름발이였다.

그런데 이 두 사람은 나쁜 마음을 먹고 한 패가 되어 과일을 따먹자고 상의했다. 그리하여 소경이 절름발이를 어깨 위에 목마를 태우고 소경에게 방향을 지시하여 두 사람은 맛있는 과일을 마음껏 따 먹었다.

왕이 몹시 화가 나서 두 사람을 문초하자 소경은 볼 수 없기 때문에 따먹을 수 없다고 말하고 절름발이는 저렇게 높은 곳에 어떻게 올라갈 수 있겠느냐고 말했다.

왕은 그것은 틀림없는 사실이라고 말했지만 두 사람의 말을 믿지 않았다.

어떤 일이 있어서나 둘의 힘은 하나의 힘보다 위대하다.

사람도 육체만 가지고는 아무것도 못하고 정신만 가지고도 아무것도 못한다. 육체와 정신이 합쳐야 좋은 일이거나 나쁜 일이거나 할 수 있는 것이다.


## 잃어버린 물건

로마 거리에 이런 포고문이 붙어 있었다.

"왕비가 값 비싼 보석을 잃었다. 30일 이내에 그것을 찾아 오는 자에게 후한 상을 내리겠지만 30일이 지난 뒤에 가지고 있는 자가 발견되면 사형을 당하리라."

로마를 방문한 한 랍비가 이 포고문을 읽은 얼마 후 우연히 그 장식물을 발견하고 30일이 지난 31일째에 그 잃어버린 물건을 가지고 왕궁으로 찾아가 왕비 앞에 내 놓았다. 그러자 왕비가 물었다.

"당신은 처음 포고령을 내릴 때 이 로마에 있었습니까?"

랍비는 그렇다고 대답했다. 왕비가 다시

"30일이 지난 뒤에 이것을 가지고 오면 어떤 일을 받을 줄도 알고 계셨나요?"

랍비는 그렇다고 말했다. 랍비는 다시

"만일 30일전에 이것을 가지고 왔으면 사람들은 누구나 저 랍비는 공주를 무서워하고 존경을 표하여 그것을 가져 왔다고 생각할 것입니다. 나는 결코 공주를 두려워하지 않고 오직 나는 하나님뿐 이라는 사실을 알리고 싶었기 때문입니다."

라고 랍비가 말했다.

이 말을 들은 공주는 자세를 고쳐 앉은 뒤에

"위대한 하나님을 믿는 당신에게 깊은 경의를 표합니다."

라고 정중하게 말했다.

## 희망

랍비 아키바는 개와 당나귀를 데리고 여행을 하고 있었다.

날이 저물어 어둠이 깔리자 잠잘 곳을 찾다가 한 채의 헛간을 발견하고 거기서 자기로 했다. 그는 자기에는 이른 시간이었기에 책을 읽으려고 램프에 불을 붙였다. 조금 읽고 있는데 바람이 불을 꺼 버렸다. 그래서 하는 수 없이 일찍 자기로 했다.

그가 잠을 자고 있는 동안 여우가 그의 개를 죽였고 사자가 그의 당나귀를 물어갔다.

아침이 되었다. 그는 램프만 들고 길을 지나 마을에 이르렀다. 사람의 그림자는 하나도 보이지 않고 죽은 듯이 고요했다.

지난밤 도적떼의 습격으로 온 마을이 파괴되고 모든 사람이 몰살되었다.

만약 램프가 꺼지지 않았더라면 그도 도적떼에 발견되어 죽었을지 모른다.

개가 짖고 당나귀가 소란을 피웠더라면 역시 그도 발견되어 도적들에게 죽었을지도 모른다. 모든 것을 잃었기 때문에 도적들에게 발견되지 않은 것이다.

랍비는 어떤 어려움에서도 사람들은 낙심해서는 안 되며 어려움이 오히려 그를 더 좋은 일로 이끌 수 있다는 것을 깨닫고 사람은 희망을 잃어서는 안 된다고 말했다.

## 반 유태인

로마의 역대 황제 중에 유태인을 가장 미워한 하드리아누스 라는 황제가 있었다.

어느 날 한 유태인이 하드리아누스 앞을 지나가게 되었다.

"폐하 안녕하십니까?"

라고 그는 인사를 했다.

그러자 황제가

"너는 누구냐?"

라고 물었다.

그가

"저는 유태인입니다."

하고 대답하자 황제는 부하에게 이렇게 명령했다.

"당장 저놈의 목을 잘라 사형에 처하라."

다음날 또 유태인 하나가 황제 앞을 지나가게 되었다.

그런데 그는 인사를 하지 않았다. 그러자 황제는 부하에게 이렇게 명령했다.

"로마 황제에게 경의를 표하지 않은 죄인으로 저놈의 목을 쳐라."

그러자 곁에 있던 대신들이 이상히 생각하고 물었다.

"폐하, 폐하께서는 어제는 인사 한 사람을 죽이시더니 오늘은 또 인사하지 않았다는 죄목으로 죽이셨습니다. 그 까닭을 알 수 없나이다."

그러자 황제는 이렇게 대답했다.

"내가 한 처사는 양쪽이 다 옳은 거다. 그대들은 잘 모르는 모양이지만 나는 유태인을 취급하는 방법을 잘 알고 있단 말이야."

하여간 이것은 유태인이 어떤 짓을 하여도 반 유태인 이었던 하드리아누스는 유태인이란 사실만 가지고도 유태인을 죽였다는 유명한 이야기다.


## 암시

로마의 한 장교가 랍비를 찾아갔다.

"유태인은 몹시 현명하다는 말을 들었소. 오늘 밤에 내가 어떤 꿈을 꾸게 될지 가르쳐 주시오."

하고 그는 말했다.

당시 가장 큰 적은 페르시아였다: 랍비는 말했다.

"페르시아 군이 로마를 기습하여 로마군을 쳐부수고 로마를 지배하여 로마인들을 노예로 삼고 가장 싫어하는 일을 시키는 꿈을 꿀 것이요."

　다음날 아침 로마의 장교가 다시 랍비를 찾아와서 말했다.

　"당신은 어떻게 내가 어젯밤에 꾼 꿈을 그대로 예언할 수가 있었소?"

　이 장교는 꿈은 암시에서 온다는 사실을 몰랐고 자기가 암시에 걸려 있었다는 사실조차 몰랐던 것이다.


## 무언극

　로마의 황제가 이스라엘에서 가장 위대한 랍비와 친하게 지내고 있었다. 그것은 두 사람의 생일이 같았기 때문이다.

　두 나라 정부의 관계가 별로 좋지 않을 때에도 두 사람은 항상 친한 관계를 유지하고 있었다. 그러나 황제가 랍비와 친구라는 사실은 두 나라의 관계로 보아 별로 좋은 일은 아니었다. 그래서 황제는 랍비에게 무엇을 보내며 간접적으로 그의 의견을 물어봐야 했다.

　어느 날 황제는 사자를 랍비에게 보내어 다음과 같은 내용을 편지로 물었다.

　"나는 달성하고 싶은 것이 두 가지 있소.

첫째는 내가 죽으면 아들을 왕위에 오르게 하고 싶은 것이고 둘째는 이스라엘에 있는 테베리아스라는 도시를 자유 관세도시로 만들고 싶은 것이요. 나는 이 둘 중에서 하나밖에 달성 할 자신이 없소.

이 두 가지를 한꺼번에 달성할 길은 없겠소?"

당시는 두 나라의 관계가 몹시 험악한 상태에 있었기 때문에 황제의 이 질문에 랍비가 대답해 주었다는 사실이 알려지면 국민들에게 큰 악영향을 끼칠 것은 엄연한 사실이었다. 그래서 랍비는 황제의 질문에 대답을 해 보낼 수가 없었다. 사자가 돌아오자 황제가

"그래 편지를 받고 랍비가 어떤 짓을 하던가?"

하고 묻자 사자가 대답했다.

"랍비는 편지를 읽어 본 후 자기 아들을 어깨 위에 올려놓고 비둘기를 아들에게 주어 하늘로 날려 보내게 했습니다. 그밖에는 아무것도 하지 않았습니다."

황제는 랍비가 말하고 싶었던 뜻을 알 수 있었다.

"우선 왕위를 아들에게 물려주고 그로 하여금 관세를 자율화하게 하면 됩니다."

다음에 또 황제에게서 사자가 왔다.

"우리 정부의 관리들이 내 마음을 괴롭히고 있소. 어떻게 하면 좋겠소?"

하는 질문이었다.

랍비는 역시 무언극으로 뜰에 있는 밭에 나가 채소 한 포기를 뽑아 돌아왔다. 잠시 후에 다시 나가 한 포기를 뽑고 다시 후에 또 한 포기를 뽑는 것이었다.

황제는 랍비의 뜻을 알아차렸다.

"당신의 적들을 한꺼번에 멸망시키려 하지 마시오. 몇 년에 나누어 한 사람 한 사람 뿌리 뽑으시오."

인간의 의사는 말이나 문장에 의존하지 않고서도 충분히 나타낼 수 있는 것이다.

## 마음

마음에 따라 사람의 모든 기관은 좌우되고 있다.

마음은 보고 걷고 서로 굳어지고 부드러워지고 기뻐하고 슬퍼하고 화내고 두려워하고 거만해지고 설득되고 사랑하고 미워하고 사색하고 질투하고 반성한다.

그러므로 세상에서 가장 강한 인간은 자기의 마음을 통제할 수 있는 인간이다.

# 기도

여러 나라에서 모여든 사람들이 어떤 한 배에 타고 있었다. 그런데 갑자기 폭풍이 일어났다. 모두 각기 자기 나라의 자기가 믿는 신에게 기도를 드렸다. 그렇지만 폭풍은 멈추지 않고 오히려 거세어질 뿐이었다.

사람들은 유태인들에게 왜 기도하지 않느냐고 원망하는 말투로 말했다.

그래서 유태인이 기도를 하기 시작했다. 그러자 폭풍은 그치고 바다는 잔잔했다. 배가 항구에 이르렀을 때 사람들은,

"우리가 열심히 기도했는데도 폭풍은 그치지 않더니 당신이 기도하니 폭풍이 그치니 어찌된 일인가요?"

라고 물었다.

유태인이 대답하기를

"그것은 나도 잘 모르겠습니다. 그러나 당신들은 당신네 나라의 신에다 기도 했습니다. 우리 유태인의 신은 온 우주를 지배하시는 분이시기 때문에 바다에서 기도한 내 소원을 들어주신 것입니다."

## 암시장

현명한 재판관이 있었다.

어느 날 시장을 걷고 있다가 도둑맞은 물건들이 그곳에서 매매되고 있다는 것을 알았다.

그는 마을 사람들과 도둑들을 일깨워주기 위해 어떤 일을 계획했다. 그는 한 마리의 족제비에게 조그마한 고깃덩어리를 주었다. 족제비는 그 고기를 물고 자기의 구멍으로 가져다 숨기고 나왔다. 그것을 지켜본 사람들은 족제비가 고기를 숨긴 구멍을 알 수 있었다.

재판관은 그 구멍을 막은 다음 이번에는 더 큰 고깃덩어리를 주었다. 족제비는 그 고깃덩어리를 물고 자기의 굴로 갔으나 굴이 막혀 있었다. 그리고 너무 큰 고깃덩어리가 주체하기 어려워서 그 족제비는 재판관에게 다시 물고 왔다.

이 광경을 본 시장 사람들은 정색하여 시장 물건을 조사해보고 자기들이 도둑맞은 물건을 찾아냈다.

### 시집가는 딸에게 - 현명한 어머니로부터

내 사랑하는 딸아 네가 남편을 왕처럼 모시면 너도 여왕처럼 대우를 받을 것이다.

그러나 네가 하녀처럼 행동하면 하녀처럼 너를 다룰

것이다. 콧대가 세서 남편에게 봉사를 하지 않으면 그는 폭력을 써서라도 너를 복종하게 만들 것이다.

남편이 친구를 방문하려고 한다면 목욕하고 새 옷으로 갈아입고 외출하게 하고 그의 친구가 집에 오면 극진히 대접하라. 그러면 남편이 너를 소중히 여길 것이다.

항상 가정에 마음 쓰고 남편의 소지품을 소중하게 여겨라. 그는 즐겁게 너의 머리에 왕관을 씌워줄 것이다.


## 10이란 숫자


예를 들어 어떤 사람에 대하여 나쁜 말을 하여 그에게 상처를 입혔다고 하자. 물론 다음에 그 사람을 만났을 때

"저번에는 흥분한 나머지 실례되는 말을 하여 당신의 체면을 손상시켜 대단히 죄송합니다."

하고 사과 할 수는 있다.

그래도 상대방이 완강하게 버티어 용서해 주지 않을 경우에는 어떻게 해야 할까?

이런 경우에는 유태인들은 열 사람에게

"나는 요전에 어떤 사람에게 이러한 실례되는 말을 해서

그를 화나게 했기 때문에 그에게 사과하러 갔지만 그가 용서해 주지 않습니다. 나는 진심으로 잘못했다고 후회하고 있거니와 여러분은 내 잘못을 용서해 주시겠습니까?"

하고 물어서 그 열 사람이 모두 용서해 준다면 잘못을 용서받는다.

만일 모욕당한 상대방이 이미 죽어 사과할 수가 없으면 열 사람을 그의 무덤으로 데리고 가서 그들이 보는 앞에서 무덤을 향하여 용서를 빌어야 한다.

이 경우 열 명이란 숫자가 왜 나왔느냐 하면 유태교의 예배당에서 기도할 때는 열 명 이상의 사람이 있지 않으면 기도가 성립되지 않기 때문이다. 아홉 명 이하의 수는 개인이다. 열 명이란 수가 차야 비로소 집단이 되는 것이다.

정치적인 결정이 아닌 종교적으로 공적인 결정도 역시 열 사람이 차지 않으면 못한다. 결혼식에 있어서도 공적인 결혼식은 열 사람 이상이 모이지 않으면 거행하지 못한다.


## 사랑

솔로몬 왕에게 몹시 아름답고 현명한 딸이 있었다.

솔로몬은 어느 날 꿈을 꾸고 딸의 장래에 남편 될 사람이 딸에게는 어울리지 않는 약한 사나이란 것을 예감했다.

그래서 솔로몬은 딸을 한 작은 섬으로 데리고 가서 별궁에 감금시켜 놓고 감시병을 배치해 놓았다. 그리고 열쇠를 가지고 돌아왔다.

한편 왕이 꿈에서 본 상대방의 사나이는 어느 황야에서 홀로 방황하고 있었다. 밤이 되자 몹시 추웠기 때문에 그는 사자의 시체 속에 들어가 잠을 잤다.

그때 큰 새가 날아와 사자의 털가죽과 함께 그 사나이를 들어 올려 날아가 공주가 감금되어 있는 별궁 위에 떨어뜨렸다. 그래서 그 사나이는 공주를 만나 두 사람은 사랑에 빠졌다.

사랑은 모든 것을 이겨내기 때문에 아무리 먼 섬으로 데리고 가서 감금시켜 놓을지라도 허사인 것이다. 일어날 것은 기필코 일어나기 마련이다.


## 비 유태인

많은 양떼를 기르고 있는 왕이 있었다. 그는 목동을 시켜 그 양떼를 방목하고 있었다. 어느 날 양과는 모습이 다른 낯

선 동물이 양떼 속에 끼어 있다고 목동이 왕에게 보고해 오자

"그 동물을 특별히 잘 보살펴 주라."

고 했다.

목동들의 의아스러워하는 모습을 보고 왕은 이렇게 말했다.

"양들은 이미 처음부터 길러 왔으니 얼마나 반가운 일인가?"

유태인들은 태어날 때부터 유태의 전통에서 자랐다. 이방 사람이 유태인들의 문화를 이해하고 유태 화 할 경우 원래의 유태인보다 더 존경 받는다.

탈무드에서 온 세계 사람들이 어떤 신앙이든지 간에 선한 사람은 영원한 생명을 얻게 된다고 쓰여 있다. 그러므로 유대인으로 만들려고 애쓰지는 않는다.

## 꿈

어떤 사내가 옆집 여자와 사랑하기를 간절히 바라고 있었다.

어느 날 밤 그는 드디어 동침하게 되는 꿈을 꾸었다.

탈무드에 의하면 그것은 좋은 일이다. 왜냐면 꿈은 간절한 소원의 한 표현인데 만일 실제로 동침했다면 이미 소원은 이

루었기에 꿈에 나타나지 않을 것이기 때문에 좋다.

이는 자신을 그만큼 억제하고 있다는 증거이다.


## 부모는 바보

한 사람이 이렇게 유서를 썼다.

"내 재산은 모두 아들에게 물려준다. 그러나 아들이 진짜 바보가 되기 전에는 상속해 줄 수 없다."

이 말을 듣고 한 랍비가 찾아왔다.

"당신은 어이없는 유서를 썼군요. 무슨 뜻으로 그 유서를 썼는지요?"

하고 묻자

그는 갈대를 입에 물고 괴상한 소리를 내면서 마루를 기어 다녔다. 그가 뜻하는 것은 자기의 아들에게 아이가 생겨서 아이를 기르며 산다면 재산을 상속해 주겠다는 뜻이었다.

『아이가 생기면 인간은 바보가 된다』

라는 격언이 여기서 생겼다.

유태인에게는 아이는 매우 귀중한 것이다. 모든 것은 아이를 위해거 희생된다. 하나님은 십계명을 유태민족에게 내리시면서 유태민족이 그 것을 반드시 지키겠다는 보증을 받으려고 했다.

유대인은 그의 조상 아브라함과 이삭과 야곱의 이름으로 맹세하며 지키겠다고 했다. 그러나 하나님은 승낙하지 않았다.

다음에는 그들이 차지할 부귀를 걸고 맹세하며 지키겠다고 했으나 승낙하지 않았다. 마지막으로 아이들에게 십계명을 전할 것이니 그 아이를 걸어 맹세하겠노라고 하니 비로소 하나님께서 승낙하셨다.


## 교육

가장 위대한 랍비가 북쪽 마을을 시찰하기 위하여 두 명의 랍비를 시찰관으로 보냈다.

두 랍비가 그 마을에 가서,

"이 마을을 지키고 있는 사람을 만나서 좀 조사할 일이 있다." 고 말하자,

그 마을의 경찰서장이 나왔다.

두 랍비가,

"아니오. 우리가 만나려는 사람은 이 마을을 지키고 있는

사람이오." 하고 말하자, 이번에는 수비대장이 나왔다. 그러자 두 랍비는 이렇게 말했다.

"우리가 만나려고 하는 것은 경찰서장이나 수비대장이 아니라, 학교의 선생이란 말이요. 경찰이나 군인은 마을을 파괴할 뿐이오. 진정으로 마을을 지키는 사람은 선생이란 말이오."


## 공로자

왕이 병이 들었다. 세상에서도 보기 드문 괴상한 병으로, 의사는 사자의 젖을 마셔야 낫는다고 말했다. 그러나 사자의 젖을 어떻게 구하느냐가 문제였다.

그런데 머리 좋은 사나이가 있어, 사자가 살고 있는 동굴 가까이 가서 새끼사자를 한 마리씩 어미사자에게 주었다. 그는 어미사자와 아주 친하게 되었다. 그래서 왕의 병을 고칠 사자의 젖을 조금 짜낼 수 있었다.

돌아오는 도중, 그는 자기 몸과 각 부분이 서로 다투고 있는 백일몽을 꾸었다. 그것은 신체 중에서 어느 부분이 가장 중요하냐에 대한 언쟁이었다.

발은 자기가 아니었다면 도저히 사자가 있는 동굴까지 가지 못했을 거라고 주장하고, 눈은 자기가 아니면 볼 수 없어서 그곳까지 가지 못했다고 주장하고, 심장은 자기가 아니면 대담하게 사자에게 가지 못했다고 주장했다.

이 말을 듣고 있던 혀가 주장했다.

"아무리 그래야 내가 아니면 너희들은 소용이 없을 것이야." 그러자 신체의 각 부분은 일제히 나서서,

"뼈도 없고 쓸모도 없는 조그만 것이 까불고 나서지 마."

하고 윽박지르는 바람에 혀는 입을 다물었다. 그러던 중에 사나이가 궁궐로 도착 할 무렵, 혀는 이렇게 말했다.

"누가 제일 중요한지 너희들에게 가르쳐 주마."

사나이가 왕 앞에 나아가자 왕이 물었다.

"이것은 무슨 젖이냐?"

그러자 사나이가 느닷없이,

"네, 이것은 개의 젖이옵니다."

라고 대답했다.

조금 전까지 혀를 몰아세우던 신체의 각 부분은 그제야 혀의 힘이 얼마나 대단한지 깨닫고, 모두 혀에게 사과했다. 그러자 혀는 말했다.

"아니옵니다. 그것은 제가 잘못 말씀드렸습니다. 이것은 틀림없는 사자의 젖이옵니다."

중요한 부분일수록 자제심을 잃으면 엉뚱한 잘못을 저지르게 마련이다.


## 감사하는 마음

이 세상 최초의 인간은 빵 하나를 만들어 먹기 위하여 얼마나 많은 일을 해야 했던가? 우선 밭을 갈고, 씨앗을 뿌리고, 그것을 가꾸고, 그것을 수확하고, 빻아서 가루로 만들고, 반죽하고, 굽고…… 적어도 15단계의 과정을 거치지 않으면 안 되었다.

그러나 지금은 돈만 내면 빵집에 가서 만들어 놓은 빵을 사올 수 있다. 옛날에는 한 사람이 해야 했던 15단계의 일을 여러 사람이 나누어 해 주고 있기 때문이다.

그러므로 빵을 먹을 때는 많은 사람들에게 감사하는 마음을 잊어서는 안 된다.

이 세상 최초의 인간은 자기 몸에 걸친 옷 하나를 만들기 위하여 얼마나 많은 수고를 했던가? 양을 사로잡고, 그것을 키우고, 털을 깎고, 실로 만들고, 옷감으로 짜고, 그것을 다시 꿰매어 입기까지는 상당한 노고를 해야 했다.

그런데 지금은 돈만 내면 양복점에서 마음에 드는 옷을 살 수 있다. 옛날에는 혼자 해야 했던 많은 일을 여러 사람이 나누어 해 주고 있기 때문이다. 그러므로 옷을 입을 때는 많은 사람들에게 감사하는 마음을 잊어서는 안 된다.

## 문병

환자에게 문병을 가면, 그 환자의 병은 60분의 1쯤은 낫는다. 그러나 60명이 한꺼번에 간다고 하여 환자의 병이 완쾌하지는 않는다.

죽은 사람의 무덤을 찾아가는 것은 가장 고상한 행위다. 문병은 환자가 나으면 그로부터 감사를 받을 수가 있지만, 죽은 사람은 아무 인사도 하지 않는다.

감사를 바라지 않고 베푸는 행위야말로 아름다운 행위인 것이다.

## 결론

탈무드에는 한 문제를 가지고 4개월, 6개월, 어떤 때는 7년씩이나 오랫동안 논의했다는 이야기가 나온다. 그렇게 하고도 결론을 못 내린 것들도 있다.

그런 이야기의 끝에는 『모른다』고 되어 있다. 그 의미는 『알 수 없을 때에는 모른다고 해야 한다』는 것을 가르쳐 주는 말이다.

또 탈무드에는 어떤 문제의 결론을 기록하고 있다. 그러나 거기에는 반드시 소수의 의견도 같이 기록하고 있다. 소수의 의견이라도 기록해 놓지 않으면 망각해 버리기 때문이다.


## 강한 것과 약한 것

이 세상에는 강하지만 약한 것을 두려워하게 하는 4가지가 있다.

즉 사자는 모기를 두려워하고, 코끼리는 거머리를 무서워하고 매미는 거미를 무서워한다.

아무리 크고 힘센 자라도 반드시 약한 자에게 전적으로 두려운 존재만은 아니다. 또 아무리 약한 자라도 조건만 되면 강한 자를 이길 수 있다.


## 칠 계

탈무드 시대의 유태인들은 종종 비 유태인들과 함께 일도 하고 생활하기도 했다.

유태인들은 천사가 지키라고 일러준 361개의 계율이 있었다.

그러나 유태교에서는 비 유태인들을 유태 화 하려고 하지 않았기 때문에 선교사를 보내거나 하지는 않는다. 오직 서로 의 평화적 관계유지를 위해서 비 유태인들에게 주는 7가지 계율이 있었다.

1. 살아있는 동물을 죽여 날고기를 먹지 말라.

2. 남을 욕하지 말라.

3. 도둑질하지 말라.

4. 법을 어기지 말라.

5. 살인하지 말라.

6. 근친상간하지 말라.

7. 불륜한 관계를 맺지 말라.


## 하나님

어떤 로마인이 한 랍비를 찾아와 물었다.

"당신들은 하나님 이야기만 하는데 그 하나님이 어디 있습니까? 하나님이 어디에 있다는 것만 가르쳐 주면 나도 하나님을 믿겠습니다."

이 악의에 찬 로마인의질문을 좋아하지 않았다. 랍비는 그 로마인을 밖으로 데리고 가서 태양을 가리키며

"저 해를 똑바로 쳐다보시오!"

하고 말했다.

그 로마인은 해를 한 번 쳐다보고는

"어떻게 태양을 똑바로 쳐다볼 수 있습니까. 그것은 바보 같은 소리가 아닙니까?"

하고 대답했다.

랍비는 이렇게 말했다.

"하나님께서 만드신 많은 것들 중의 하나인 태양조차 볼 수 없으면서 어떻게 위대하신 하나님을 볼 수 있단 말이오."


## 작별인사

한 사람이 기나긴 여행 끝에 몸과 마음도 지쳤고, 배도 고프고, 목도 말랐다. 사막을 오래 걸은 후에 간신히 나무가 자라는 곳에 도달했다.

그는 지친 몸을 나무그늘에서 쉬고 과일과 시원한 물로 주린 배를 채우고 해갈을 한 뒤에 편안한 숨을 들이마실 수 있었다.

한참 후에 그는 다시 길을 떠나야 했다. 그래서 떠나면서 그는 나무에게 작별 인사를 했다.

"나무야, 정말 고맙구나. 어떻게 이 고마움을 인사로써 다 할 수 있겠니. 네 열매가 맛있게 되길 빌려 해도 너는 이미 맛있는 열매를 가졌으며, 시원한 그늘을 가질 만큼 무성하기를 빌려고 해도 너는 이미 무성하고, 충분히 자라도록 물이 있길 빌려 해도 이미 이곳에는 물이 충분히 있고, 그러니 너를 위해 축복해 줄 수 있는 것은 다만 네 열매가 풍성해서 그 열매로 많은 나무가 또 자라, 너처럼 아름답고 훌륭한 나무들이 되기를 빌 수 밖에 없구나."

만일 당신이 어떤 사람과 작별 하면서 빌어주고 싶은데, 그는 이미 현명하고 부자이며, 사람들에게 칭찬을 받고 있는 사람일 때 당신은 무어라고 작별인사를 하겠는가?"

'당신의 아이들도 부디 당신과 같이 훌륭한 사람이 되기를 빕니다.' 라고 하는 것이 가장 좋은 작별 인사인 것이다.


## 엿새 날

성서에 보면 하나님이 세상을 만드시는데 엿새째 날에 완성 되었다. 사람은 마지막 날인 엿새째 날에 만들어 졌다.

당신은 그 의미를 어떻게 해석하는가.

탈무드에 의하면, 한 마리의 파리일지라도 사람보다 앞서 만들어졌다는 사실을 기억하면서 사람들은 오만해질 수가 없

는 것이다. 그것은 사람들로 하여금 자연에 겸손한 태도를 갖
도록 가르쳐 주기 위한 것이다.


## 조미료

어느 안식일(토요일) 오후에, 로마의 황제가 친한 랍비의
집을 방문했다.

그는 전혀 연락도 없이 갑자기 찾아갔지만, 거기에서 매우
즐거운 시간을 보냈다. 식사는 몹시 맛이 있었고, 식탁 둘레
에는 사람들이 소리를 맞추어 노래를 부르고, 탈무드에 나오
는 이야기를 했다.

황제는 몹시 기뻐하며, 다음 수요일에 또 오겠다고 자청해
서 말했다.

수요일이 되어 황제가 오자, 사람들은 미리 준비하고 기다
리고 있었기 때문에, 제일 좋은 식기를 차려 놓고, 지난번에
는 쉬었던 하인들도 줄을 지어 음식을 날랐다. 요리사가 없어
싸늘한 음식만을 내놓던 지난번과는 달리 따뜻한 요리가 나
왔다.

"식사는 역시 토요일 것이 맛있었어. 그 토요일에 먹은 요

리에는 어떤 것들을 넣었었지?"

"로마의 황제로써는 그 조미료를 구하시지 못합니다."

하고 랍비가 대답하자,

"아냐, 로마 황제는 어떤 조미료라도 구할 수가 있다고."

하고 황제는 뽐내며 말했다.

그러자 랍비는 이렇게 말했다.

"폐하, 폐하께서 아무리 로마의 황제시지만, 아무리 노력을 해도 구하시지 못합니다. 그것은 바로 유태인의 안식일이라는 조미료입니다."


## 은화

한 상인이 도시로 물건을 사러 갔다. 며칠 후에 바겐세일이 있다는 사실을 알고, 그는 그때까지 기다렸다가 물건을 사기로 했다.

그러나 그는 많은 현금을 가지고 있었기 때문에 그것을 몸에 가지고 있는 것이 불안했다. 그래서 그는 조용한 곳으로 가서 그 돈을 전부 땅에 묻었다.

다음날 그곳에 가보니 돈이 없어졌다. 아무리 생각을 더듬어 보았지만, 자기가 묻는 것을 본 사람은 아무도 없었으므로 그는 돈이 어째서 없어졌는지를 알 수가 없었다.

그런데 저 만치 떨어진 곳에 집이 하나 있는데, 그 집 벽에 구멍이 뚫려 있다는 사실을 알았다. 그래서 그는 틀림없이 저 집에 살고 있는 사람이 자기가 돈 묻는 것을 그 구멍으로 내다보고 있다가 뒤에 꺼내간 것이라고 생각했다.

상인은 그 집에 가서 살고 있는 노인에게 물었다.

"노인은 도시에 살고 계시니까 머리가 영리하시겠군요. 저에게 지혜를 좀 빌려주십시오. 실은 저는 물건을 사려고 이 도시에 왔는데, 지갑 두 개를 가지고 왔습니다. 하나에는 은화 5백 개가 들어있고, 또 하나에는 은화 8백 개가 들어 있습니다.

저는 작은 지갑을 남몰래 어느 곳에 묻어 두었습니다. 그런데 나머지 돈지갑도 땅속에 묻어 두는 것이 좋을까요? 아니면 믿을만한 사람에게 맡겨두는 것이 좋을까요?"

그러자 노인은 이렇게 대답했다.

"만일 내가 당신이라면, 다른 사람은 아무도 믿지 않겠소. 작은 지갑을 묻어둔 곳에 함께 묻어 두겠소."

상인이 들어가자,

욕심쟁이 노인은 자기가 꺼내온 지갑을 그곳에 도로 갔다가 묻어 놓았다. 그래서 상인은 지켜보고 있다가 자기의 지갑을 무사히 찾았다.


## 솔로몬의 재산

솔로몬은 지금으로부터 약 3천 년 전에 살았던 이스라엘의 3대 임금으로 그 지혜가 많기로 유명하다.

안식일에 세 유태인이 예루살렘으로 갔다.

당시는 은행이 없었기 때문에, 세 사람은 가지고 있던 돈을 어느 곳에 함께 묻었다. 그런데 그들 중 한사람이 몰래 그곳으로 가서, 그 돈을 모두 꺼내갔다.

다음날 세 사람은 현인으로 알려진 솔로몬 왕에게로 가서 세 사람 중에서 누가 그 돈을 훔쳤는가를 판결해 달라고 말했다.

"자네들 세 사람은 몹시 현명하니, 우선 내가 당면하고 있는 어려운 문제를 먼저 해결해 주게. 그러면 자네들의 문제는 내가 해결해 주지."

"한 처녀가 어떤 젊은이에게 시집가기로 약속을 했네. 얼마 후에 그 처녀는 다른 사나이와 사랑에 빠져, 약혼자를 찾아가 헤어지자고 제의를 했네. 처녀는 위자료를 지불해도 좋다고 말했네. 그러나 젊은이는 위자료 같은 것은 필요가 없다고 말하면서, 처녀와의 약혼을 취소했네.

그런데 그 처녀는 많은 돈을 가지고 있었기 때문에, 어떤 노인에게 유괴되었네. 처녀는 노인에게, [나는 약혼했던 남자에게 파혼할 것을 제의하자, 그는 위자료도 받지 않고 나를 해방시켜 주었으니, 당신도 똑같은 일을 내게 해 주어야 하오] 하고 요구했네. 노인은 몸값을 받지 않고 처녀를 해방시켜 주었네."

"이들 중에서 가장 칭찬받을 행위를 한 사람은 누구인가?"

첫 번째 사나이가 말했다.

"그야, 처녀와 약혼까지 하고 파혼을 승낙해 주고 위자료도 받지 않은 처음의 남자가 칭찬을 받아야 합니다. 왜냐하면 그는 처녀의 의사를 무시하면서까지 결혼하려고 하지 않았을 뿐 아니라, 돈도 받지 않았기 때문입니다."

두 번째 사나이가 말했다.

"아닙니다. 그 처녀야말로 칭찬받아야 합니다. 그녀는 용기를 가지고 처음의 약혼자와의 파혼을 신청하고, 마음으로부터 사랑하고 있는 남자와 결혼을 했습니다. 이야말로 칭찬받을 만합니다."

세 번째 사나이가 말했다.

"이 이야기는 너무 뒤죽박죽이어서, 저는 도무지 영문을 알 수가 없습니다. 첫째 유괴한 노인만 해도 그렇습니다. 노인은 돈 때문에 유괴했는데, 돈도 받지 않고서 풀어 주다니 이야기의 줄거리가 도무지 통하지 않습니다."

그러자 솔로몬 왕이 호통을 쳐서 말했다.

"이놈! 네가 돈을 훔친 도둑이다. 다른 두 사람은 이 이야기를 듣고 곧 애정이나, 처녀와 약혼자 사이에 가로놓인 인간관계와 그 사이에 존재하는 긴장된 기분에 마음이 쏠리는데, 너는 돈에 대한 것밖에 생각하고 있지 않았다. 틀림없이 네가 범인이다."


## 중용

군인들이 길을 행진하고 있었다.

길 오른편에는 눈이 내리고 빙판길이었고 왼편에는 불길이 타오르고 있었다. 이 군인들이 오른편으로 가면 추위에 떨며, 왼편으로 가면 불에 타 죽을 것이다. 그러나 중간 길은 따스함과 서늘함이 적당한 길이었다.

## 탈무드

독일 나찌 수용소에서 6백만 유태인이 살해 되었다. 그 중에서도 살아남은 자들이 구출해준 답례로 미국의 트루먼대통령에게 탈무드를 선사했다. 그런데 그것은 전쟁 후 독일에서 인쇄된 것이었다.

유태인을 멸종시키려던 독일에서까지도 탈무드를 출판하고 있다는 것은 그만큼 탈무드가 위대하다는 증거이다.


## 상업

유태인의 역사는 매우 오래됐다. 성서시대의 유태 사회는 농사 위주의 사회였다. 그래서 외국과의 교역(交易)은 별로 많지 않았으며 상인이라는 말은 곧 비 유태인이라는 말로 이해되기도 했다.

그래서 유태인들은 물건을 사고파는 매매 행위가 거의 없었다. 다만

『유태인이 상업에 종사할 때는 저울을 정확히 하고 물건을 속이지 말라』

는 상식적인 상도덕이 있을 뿐이었다.

그런데 탈무드 시대로 접어들면서 교역과 상업이 활발해지기 시작했다. 그래서 탈무드 속에서 상법에 대한 이야기가 상당히 많이 수록되어 있다.

탈무드의 저자들은 세상이 나아갈수록 발전해 간다는 입장에 서 있다. 발전한 세계의 상업의 발달을 동일하게 생각하고 있다. 상행위에 있어 도덕이 지켜져야 한다는데 많은 지면을 할애하고 있다.

탈무드의 기록자들이 다가올 세계에는 상업이 중요한 역할을 하게 된다고 내다본 것은 상당히 선견지명이 있는 생각이었다고 본다. 앞으로는 2천년 후에 일어날 세계를 내다보고 그 당시에 벌써 그에 대한 준비를 하고 있었던 것이다.

그래서 이 장에서는 상업 (비지니스 또는 사업이라는 의미)에 대한 생각을 원칙으로 하고 사업규칙은 일반 생활규칙과 별개의 것으로 있어야 한다고 생각했다. 따라서 사업의 세계는 사업가로써 행동하는 것이 좋다고 말하고 있다.

그러나 탈무드는 어떻게 도덕적인 사업가가 될 수 있는가를 말하고 있는 것이지 돈만 아는 사업가를 만들려고 쓴 것은 아니다. 상업의 자유방임주의를 배격하고 있는 탈무드의 내용에서도 알 수 있는 일이다.

예를 들어보자.

물건을 사려는 사람은 품질이 좋아야 된다고 요구할 권리가 있다. 물건을 산다는 것은 품질에 결함이 없는 물건을 산다는 뜻이 된다. 그러므로 설사 물건을 파는 사람이 물건에 결함이 있어도 한번 산 것은 바꿀 수 없다는 조건을 붙여서 물건을 팔았다고 해도 그 물건에 결함이 있으면 물건을 산 사람에게는 물건을 바꿀 수 있는 권리가 있는 것이다.

그러나 한 가지 예외는 있다.

사는 사람이 물건에 결함이 있다는 것을 확인하고 그래도 좋다고 샀을 경우이다. 예를 들면 자동차를 사고 파는데 팔 사람이 이 자동차는 엔진이 없습니다. 해서 다시 바꿀 수는 없는 것이다.

탈무드는 파는 사람에 대해서도 물건을 팔 때에 반드시 결함이 있다는 것을 구체적으로 설명해 주라고 규정하고 있다. 그래서 사는 사람은 물건의 결함이나 속임수로부터 그리고 파는 사람은 미처 깨닫지 못한 자신의 과오로부터 모두 보호를 받고 있다.

물건을 사고판다는 것은 두 가지 조건으로 성립된다. 하나는 값을 치루는 일이요,

또 하나는 물건의 소유자가 바뀌는 일이다. 그러므로 파는 사람은 물건을 이상 없이 넘겨주어야 할 의무가 있다. 탈무드

는 파는 사람보다 물건을 사는 사람의 권리를 더 옹호해 주고 있기 때문이다. 파는 사람은 팔 물건을 소중하게 자기가 가지고 있어야 한다. 그것은 딴 사람의 물건을 가지고 파는 일이 있어서는 안 되기 때문이다.


## 매매

탈무드시대부터 유태인의 시회에는 계량을 감독하는 관리가 있었다. 여름과 겨울에 따라, 토지의 면적을 재는 줄도 다른 것으로 사용했다. 그것은 기온에 따라 줄에 신축성이 있기 때문이다. 또 액체를 매매할 경우, 그릇 밑에 지난번 찌꺼기가 남아 있거나 해서는 안 되기 때문에, 그릇의 속을 항상 깨끗이 하도록 엄격하게 감독받고 있었다.

또 물건을 샀을 경우, 그 물건의 성질에 따라 하루에서 1주일동안, 그 물건을 사람들에게 보이고 그들의 의견을 들을 수 있는 권리가 산 사람에게 있었다.

그것은 물건을 사는 사람이 그 물건에 대하여 잘 모르고 샀기 때문에 그 물건의 가치를 올바로 판단할 수가 없기 때문이다.

탈무드 시대에 있어서는 일정한 상품에 대한 일정한 가격이 존재하지 않았다. 오늘날에는 어느 회사 제품의 어느 상품의 가격은 얼마라고 거의 정해져 있지만 옛날에는 파는 사람이 멋대로 가격을 정했다. 그래서 만일 상식적인 가격보다 6분의1이상의 비싼 값으로 매매 되었을 때는 이 매매행위는 무효가 된다는 것이 탈무드의 통례이다.

또 파는 사람이 상품의 계량을 잘못했을 경우에는, 산 사람은 다시 올바르게 계량하도록 요구할 권리가 있었다.

파는 사람을 보호하기 위한 것으로는 물건을 살 의사가 없이 흥정을 해서는 안 된다는 것이 있다. 그리고 다른 사람이 먼저 살 의사를 밝힌 물건을 가로채어 사서는 안 된다고 규정되어 있다.


## 학교


두 명의 랍비가 같은 땅을 사려고 했다. 한 랍비가 먼저 와서 그 땅의 값을 정했다. 그런데 다른 랍비가 와서 그 땅을 사버렸다.

그러자 어떤 사람이 두 번째 랍비에게 가서 이렇게 물었다.

"어떤 사람이 과자를 사려고 과자점에 갔더니 이미 다른 사람이 먼저 와서 과자의 품질을 조사하고 있었소. 그런데 뒤에 온 사람이 그 과자를 사버렸다면 그 사람을 어떻게 생각하시오." 그러자 랍비는 대답했다.

"그건 안 될 말이오. 그 사나이는 틀림없이 나쁜 사람이오." 그러자 사나이는 이렇게 말했다.

"당신이 이번에 그 땅을 샀지만, 당신은 두 번째 사람이었소. 어떤 사람이 당신보다 먼저 가서 그 땅의 값을 정하여 놓았는데, 그것을 당신이 산거요. 그래도 괜찮은가요?"

이리하여, 그러면 도대체 어떻게 하는 것이 좋으냐가 문제가 되었다.

한 가지 해결책으로써 제안된 것은, 두 번째 랍비가 그 땅을 첫 번째 랍비에게 팔게 한다는 것이었다. 그러나 두 번째 랍비가 물건을 사자마자 판다는 것은 재수 없는 일이기 때문에 싫다고 말했다.

둘째 해결책으로써 제안된 것은, 그러면 그 땅을 첫 번째 랍비에게 선물로 주는 것이 어떠냐는 것이었다. 그러나 이번에는 첫 번째 랍비가 값을 지불하지도 않고 선물로 받기는 싫다고 말했다.

그래서 결국 두 번째 랍비는 그 땅을 학교에 기부했다.

# 제3장
## 탈무드의 눈

눈은 얼굴에서 가장 작은 부분을 차지하고 있다. 그러면서도 입만큼이나 말을 하고 격언이나 속담이 지니는 매력을 그대로 갖추었다. 탈무드는 무진장의 보물창고이기도 하다. 거기에는 오랫동안 이야기로 계승되어 온 유태인의 지혜가 응집되어 있다.

## 인간

인간은 마음 가까이에 젖이 달려 있다. 그러나 동물들은 마음에서 먼 곳에 젖이 있다. 이것은 하나님의 깊은 배려다.

반성하는 이가 서 있는 땅은 가장 위대한 랍비가 서 있는 땅보다 더 거룩하다.

세계는 진실과 도덕과 평화의 세 토대 위에 서 있다.

휴일은 인간에게 주어진 것으로, 인간이 유일하게 주어진 것이 아니다.

백성들의 소리는 하나님의 소리다.

하나님은 이렇게 말씀하셨다.
"나에게 네 아이가 있고, 그대들에게도 네 아이가 있다. 그대들의 네 아이는 곧 아들과 딸과 하인과 하녀요, 나의 네 아이는 곧 과부와 고아와 나그네와 승려다. 내가 그대들의 네 아이들을 보살펴 주고 있으니, 그대들은 나의 네 아이들을 보살펴 주기 바란다."

인간은 다른 사람의 가벼운 종기는 마음에 걸려하면서도, 자기 자신의 깊이 든 병은 보이지 않는다.

거짓말쟁이가 받는 가장 큰 벌은, 그가 진실을 말했을 때에도 사람들이 믿어주지 않는 일이다.

인간은 20년 동안에 배운 것을, 단 2년 동안에 잊어버릴 수 있다.

사람에게 세 가지 이름이 있다. 태어났을 때 부모가 지어준 이름과 친구들이 우정을 담아 부르는 이름과, 생애가 끝날 때까지 얻는 명성이 그것이다.


## 인생

인간은 환경에 따라 명예가 높아지는 것이 아니라, 인간이 그 환경의 명예를 높이는 것이다.

온 인류는 오직 한 조상(아담)밖에 가지고 있지 않다. 그러므로 어느 인간이 어느 인간보다 우위에 있다는 일은 있을 수 없다. 당신이 만일 한 인간을 죽였다면, 그것은 곧 온 인류를 죽인 것과 같다. 그리고 당신이 만일 한 인간의 생명을 구해 주었다면 그것은 곧 온 인류의 운명을 구한 것과 같다.

왜냐면 세상은 한 인간에 의해서 시작되었으므로, 만일 그 최초의 인간을 죽였다면, 인류는 오늘날 존재하지 않을 것이기 때문이다.

요령이 좋은 인간과 현명한 인간의 차이- 요령이 좋은 인간이란, 현명한 사람이라면 절대로 빠지지 않을 어려운 상황을 잘 빠져나가는 사람이다.

어떤 사람은 젊은데도 늙었고, 어떤 사람은 늙었는데도 젊다.

자기의 결점을 찾고 있는 사람 눈에는, 다른 사람의 결점은 보이지 않는다.

음식을 장난감으로 취급하는 인간은 배고픈 자가 아니다.

몰염치와 자부심은 형제간이다.

하루를 공부하지 않으면 그것을 만회하는데 이틀이 걸리고, 이틀을 공부하지 않으면 그것을 만회하는데 나흘이 걸리고 1년을 공부하지 않는다면 그것을 만회하는데 2년이 걸린다.

바탕이 나쁜 사나이는 이웃 사람의 수입에는 신경을 쓰면서 자기의 낭비는 마음에 두지 않는다.

눈에 보이지 않는 것보다도 마음이 보이지 않는 것이 더 무서운 일이다.

만나는 사람 모두에게 무엇인가를 배울 수 있는 사람은 이 세상에서 가장 현명한 사람이다.

강한사람– 그것은 스스로 자신을 억제할 수 있는 사람이다.

장한 사람– 그것은 적을 친구로 바꿀 수 있는 사람이다.

풍족한 사람– 그것은 자기가 가지고 있는 것으로 만족할 수 있는 사람이다.

남을 칭찬할 수 있는 사람이야말로 진정 칭찬받아야 할 사람이다.

진실은 무겁다. 그래서 젊은 사람만이 지고 갈 수 있는 것이다.


## 평가

유태인들이 사람을 평가하는 세 가지 기준

1. 키소 (돈을 넣는 주머니)

2. 코소(술을 마시는 잔)

3. 소(화내는 일)

돈을 어떻게 쓰느냐? 술을 깨끗이 마시느냐? 인내력이 강한가?

## 인간의 네 가지 유형

1. 내 것은 내 것이고 네 것은 네 것이라는 사람(일반적인 유형)

2. 내 것은 네 것이고 네 것은 내 것이라는 사람(변태적인 사람)

3. 내 것은 네 것이고 네 것도 네 것이라는 사람(정의감이 강한 사람)

4. 내 것은 내 것이고 네 것도 내 것이라는 사람(나쁜 사람)


## 현인 앞에 나간 사람의 세 가지 유형

1. 스폰지 형--무조건 무엇이나 흡수하는 사람

2. 터널 형-한 귀로 듣고 한 귀로 흘려보내는 사람

3. 어레미 형-중요한 것과 그렇지 않은 것을 선별하여 듣

는 사람

## 현인이 되는 일곱 가지 조건

1. 당신보다 현명한 사람이 있을 때에는 침묵하라.

2. 남의 이야기를 중단시키지 말라.

3. 대답할 때 덤벙대지 말라.

4. 항상 핵심을 찌르는 질문을 하고, 조리가 있는 대답을 하라.

5. 먼저 해야 할 것부터 손을 대고, 뒤로 돌려도 되는 것은 최후에 하라.

6. 당신이 모를 때에는 그것을 솔직히 인정하라.

7. 진실을 인정하라.

인간은 세 가지 벗을 가지고 있다. 자녀와 부와 선행이 그 것이다.


## 친구

아내를 선택할 때는 계단을 한 걸음 내려가고, 친구를 선택할 때에는 계단을 한걸음 올라가라.

친구가 화났을 때 달래려 하지 말고, 슬퍼하고 있을 때 위로 하지 말라.


## 우정

만일 친구에게 야채가 있거든, 그에게 고기를 보내라.

설사 친구가 당신에게 꿀처럼 달더라도, 그것을 전부 빨아 먹지 말라.

## 여자

어떤 남자라도 여자의 괴상한 아름다움에는 저항하지 못한다.

여자의 질투심은 하나의 원인밖에 없다.

여자는 자기의 외모를 가장 소중하게 여긴다.

여자는 남자보다 육감이 빠르다.

여자는 남자보다 정에 후하다.

여자는 불합리한 신앙에 빠지기 쉽다.

불순한 동기에서 생겨나는 애정은 그 동기가 사라질 때 죽어 버린다.

연애하고 있는 자는 다른 사람의 충고에 귀 기울이지 않는다.

여자가 술을 한잔 마시는 것은 매우 좋은 일이다. 그러나 두 잔 마시면 품위를 잃고, 석 잔 마시면 부도덕하게 되고, 넉 잔 마시면 자멸한다.

사람은 정열을 위하여 결혼하지만, 정열은 결혼보다 오래 가지 못한다.

하나님이 최초로 만드신 사나이(아담)는 양성을 겸하고 있다. 그래서 남자의 몸에도 여성 호르몬이 있고, 여자의 몸에도 남성 호르몬이 있게 된 것이다.

남자의 마음이 여자에게 이끌리는 것은, 남자(아담)의 갈비뼈를 떼어 여자(이브)를 만들었으므로, 자기의 그 잃어버린 것을 되찾으려 하기 때문이다.

하나님이 최초로 여자를 만드실 때, 남자의 머리로 만들지 않은 것은, 여자가 남자를 지배해서는 안 되기 때문이다. 또 남자의 발로 만들지 않은 것은, 남자의 노예가 되어서는 안 되기 때문이다. 그리고 갈비뼈로 만드신 것은, 여자가 항상 남자의 마음 가까이에 있을 수 있게 하기 위해서다.

# 술

술이 머리로 들어가면, 비밀이 밖으로 밀려 나온다.

시중드는 사람의 태도가 공손하면 어떤 술이라도 좋은 술이 된다.

악마가 사람들을 찾아다니기에 너무 바쁠 때에는 대리인으로서 술을 보낸다.

포도주는 오래되면 오래 될수록 맛이 좋아진다. 지혜도 마찬가지다. 해가 거듭될수록 지혜는 닦인다.

아침에 늦잠자고, 낮에 술 마시고, 저녁에 객쩍은 이야기를 하고 있는 다면, 인간은 자기 일생을 쉽게 털리고 만다. 포도주는 금 그릇이나 은그릇에서는 잘 담가지지 않지만, 지혜로 만든 그릇에서는 몹시 잘 담가진다.

## 가정

부부가 진심으로 서로 사랑한다면 칼날만한 침대에서도 잘 수 있지만, 서로 싫어한다면 폭이 16미터나 되는 침대도 비좁다.

이 세상에서 가장 행복한 인간은 누구인가?

그것은 선량한 아내를 얻은 사나이다.

남자는 결혼하면 죄가 늘어난다.

아내를 까닭 없이 괴롭히지 말라. 하나님은 그녀의 눈물방울을 세고 계신다.

모든 병중에서 마음의 병보다 더 괴로운 것은 없고, 모든 악 중에 악처보다 더 나쁜 것은 없다.

세상에서 다른 것으로 바꿔놓을 수 없는 것-그것은 젊을 때 결혼하여 함께 살아온 늙은 마누라.

남자의 집은 아내다.

아내를 고를 때는 겁쟁이가 되라.

여자와 만나보지 않고서 결혼해서는 안 된다.

아이들을 키울 때 차별하지 말라.
아이는 어릴 때 엄하게 꾸짖고, 자란 뒤에는 꾸짖지 말라.

어린아이는 엄하게 가르쳐야 하지만, 무서워하게 해서는
안 된다.

어린아이는 부모가 말하는 대로 모방한다. 그의 성격은 그
의 말씨로 알 수 있다.

자녀와 어떤 약속을 하거든 꼭 지켜라. 만일 지키지 않으면
당신은 그 아이에게 거짓말을 가르치고 있는 것이다.

가정에서 부도덕한 짓을 하는 것은, 마치 과일에 벌레가 붙
는 것과 같다. 모르는 사이에 다 파먹는다.

자녀는 아버지를 존경해야 한다.
자녀는 아버지 자리에 앉아서는 안 된다.

자녀는 아버지에게 말대꾸를 해서는 안 된다.

자녀는 아버지가 다른 사람과 논쟁하고 있을 때, 다른 사람의 편을 들어서는 안 된다.

자녀가 아버지를 존경하고 아버지에게 순종하는 것은, 아버지가 그들을 위하여 먹을 것을 구해오고, 그들에게 의복을 제공해 주기 때문이다.


## 돈

사람의 마음을 상하게 하는 것이 세 가지가 있다. 고민과 불화와 빈 주머니이다. 그 중에서도 빈 돈주머니가 가장 상처를 크게 입힌다.

육체의 모든 부분은 마음에 의존하고 있고, 마음은 돈주머니에 의존하고 있다.

돈은 물건을 사는데 사용해야지, 술을 마시는데 사용할 것은 못된다.

돈은 악도 아니고 저주도 아니다. 사람을 축복해 주는 것이다.

돈은 하나님이 보내는 선물을 살 기회를 준다.

돈을 빌려 준 사람에게 화내는 사람은 없다.

부는 요새이고 빈곤은 폐허다.

돈이나 물건은 거저 주는 것보다 빌려주는 것이 낫다. 거저 주면 받는 사람이 준 사람보다 밑에 있어야 하지만, 빌려주면 대등한 입장이기 때문이다.


## 성(Sex)

『야다(YADA)』라는 말은 히브리어로 『성』이라는 뜻이다. 또한 이 말은 『상대방을 안다』라는 뜻이기도 하다. 성서에 아담은 이브를 알고 난 후에 아이가 생겼다고 되어 있는데 여기서의 그 야다는 성교를 의미한다.

『사랑하는 것은 아는 것이다』라고 말해지는데 결국 사랑은 함께 자는 것이라는 해석이다.

야다는 창조의 행위다. 이것 없이는 자기완성을 이룰 수 없다.

성은 일생동안 단 한사람의 상대에게만 사용해야 한다.

성은 자연의 일부이다. 그러므로 성행위를 할 때에는 무엇하나 부자연스런 것은 있을 리가 없다.

성교는 극히 개인적인 관계로 행하여지고 친근한 분위기 속에서 이루어져야 한다.

자기 자신을 억제할 수 없을 듯한 자리에서는 성교를 해서는 안 된다.

아내의 동의 없이 아내와 성교를 할 수 없다. 아내의 의사가 없을 때 성행위를 하는 것은 금지되어 있다.

## 교육

향수가게에 들어가 향수를 사지 않아도 나왔을 때에는 향

수 냄새가 난다. 가죽 파는 상점에 갔다가 사지 않고 나와도 냄새가 고약하다.

칼을 가지고 있는 자는 책을 들고 일어서지 못하고 책을 가지고 있는 자는 칼을 들고 일어서지 못한다.

자기를 아는 것이 가장 큰 지혜다.

의사의 충고만 지키면 의사에게 돈을 지불할 일이 없다.

비싼 진주를 찾기 위해 값싼 촛불이 사용 되었다.

가난한 이의 자식이 찬양받으리라. 인류에게 예지를 가져다주는 것은 그들이기에.

기억을 증진시키는 약은 감탄하는 것이다.

학교가 없는 마을에서는 사람이 살지 못한다.
고양이에게서 겸허를 배울 수 있고 개미에게서 정직을 배울 수 있고 비둘기에게서 정절을 배울 수 있고 수탉에게서 재산의 권리를 배울 수 있다.

이름이 팔리면 곧 잊혀지고, 지식이 얕으면 곧 잊어버린다.

아이들을 가르친다는 것은 백지에 무엇을 그리는 것과 같다.

노인에게 가르친다는 것은 많이 쓰여 진 종이의 여백을 찾아 써 넣으려는 것과 같다.


## 악

악에 대한 충동은 구리와 같다. 불 속에 있을 때 무슨 모양이라도 만들 수 있기 때문이다.

인간에게 악에 대한 충동이 없으면 집도 짓지 않고 아내도 얻지 않고 아이도 낳지 않고 일도 하지 않을 것이다.

만일 악에 대한 충동이 생길 때면 그 충동을 내어 쫓기 위해서 무엇인가 배울 것을 찾아라.

다른 사람보다 뛰어난 사람은 악에 대한 충동도 남보다 크다.

세상에서 옳은 일만 하는 사람은 있을 수 없다. 반드시 악한 일도 동시에 하고 있다.

악에 대한 충동은 처음에는 달콤하다. 그러나 나중에는 쓰다.

열세 살 때부터 악에 대한 충동은 선에 대한 충동보다 강해진다.

죄는 태아에서부터 자라서 태어나 성장함에 따라 커져간다.

죄를 미워하지 사람을 미워하지 말라.

죄는 처음에는 여자같이 약하지만 그냥 두면 남자처럼 강해진다.

죄는 처음에는 거미줄처럼 가늘다. 그러나 나중에는 배를 잡아매는 밧줄처럼 강해진다.

죄는 처음에는 손님이다. 그러나 그대로 두면 주인을 내쫓고 죄가 주인이 된다.

## 중상

남을 헐뜯는 것은 살인보다 위험하다. 살인은 한 사람만 죽이지만 중상모략은 반드시 세 사람을 죽인다. 중상모략 하는 자는 자신과 그것을 반대하지 않고 듣고 있는 사람과 그 화제의 주인공이다.

중상모략 하는 자는 무기를 써서 사람을 상하게 하는 자 보다 더 죄가 무겁다. 무기도 가까이 가지 않으면 상대를 상처입힐 수 없으나 중상모략은 멀리서도 사람을 상하게 할 수가 있기 때문이다.

불타는 장작불에 물을 부으면 꺼지지만 중상모략으로 화가나 있는 사람은 아무리 빌어도 마음속의 불은 끄지 못한다.
아무리 마음이 선해도 입이 험한 인간은 훌륭한 궁궐 옆에 있는 가죽공장과 같다. 거기서 악취가 나고 있는 것이다.

사람에게는 입이 하나, 귀가 둘이 있다. 말하기 보다는 듣기를 두 배나 더 하라는 뜻이다.

물고기를 낚으면 언제나 입으로 몰려온다. 사람도 입 때문에 걸려든다.


## 판사

판사의 자격은 겸손하고 선을 행하고 결정을 내릴 때 용기가 있고 지금까지의 경력이 깨끗한 사람이다.

극형을 선고하기 전에 자기의 목에 칼이 잘려지는 것은 같은 심경이어야 한다.

판사는 반드시 진실과 평화 이 두 가지를 구하지 않으면 안 된다. 진실을 구하면 평화가 깨지고 평화를 위하면 진실이 깨질 때가 있다. 그래서 진실도 평화도 모두 파괴되지 않고 지킬 수 있는 길을 발견해야만 한다. 오직 타협인 것이다.

## 동물

고양이와 쥐는 먹이가 될 동물을 함께 먹고 있을 때에는 서로 다투지 않는다.

여우의 머리가 되기보다는 사자의 꼬리가 되라.

한 마리의 개가 짖으면 동네 개가 모두 짖는다.

동물은 자기하고 같은 종류의 동물들끼리만 생활한다. 늑대가 양과 어울릴 리는 없고 하이에나가 개와 어울릴 수는 없다.

부자와 가난뱅이도 그와 마찬가지다.


## 처세

선행에 문을 닫아버리는 자는, 다음에는 의사를 위하여 문을 열게 된다.

좋은 항아리가 있거든, 그날 안으로 사용하라. 내일까지 두면 깨어져 버릴지도 모른다.

올바른 사람은 자신의 욕망을 지배하지만, 옳지 못한 사람은 욕망에 지배당한다.

남의 자비로 살기보다는 가난한 생활을 하는 편이 낫다.

남의 앞에서 부끄러워하는 사람과 자기 앞에서 부끄러워하는 사람 사이에는 큰 거리가 있다.

세상에는 정도를 지나치면 안 되는 것이 여덟 가지 있다.
그것은 여행, 여자친구, 돈, 일, 술, 잠, 약, 조미료다.

세상에는 너무 사용하면 안 되는 것이 세 가지 있다. 그것은 빵의 이스트와 소금과 망설임이다.
한 개의 동전이 들어 있는 항아리는 소리를 시끄럽게 내지만 동전이 가득 담긴 항아리는 소리를 내지 않는다.

전당포는 미망인과 어린이의 소유물을 받아서는 안 된다.

명성을 구해서 쫓아가는 자는 명성을 붙잡지 못한다. 그러나 명성을 피해서 도망가는 이는 명성에게 붙잡힌다.

물건을 훔치지 않은 도둑은 자기를 정직하다고 생각한다.

결혼의 목적은 기쁨, 조객의 목적은 침묵, 강의의 목적은 듣는 것, 방문의 목적은 제 시간에 도착 하는 것, 가르치는 목적은 집중, 단식의 목적은 그 돈으로 자선하는 것.

인간의 몸에는 여섯 개의 소용되는 부분이 있다.
그 중에서 셋은 자신이 지배할 수 없지만, 셋은 자기의 힘으로 마음대로 할 수 있는 부분이다. 전자는 눈과 귀와 코이고, 후자는 입과 손과 발이다.

당신의 혀에게, 『나는 모른다』라는 말을 열심히 가르쳐라.

장미꽃은 가시 틈에서 자란다.

공짜로 처방을 써주는 의사의 말은 듣지 말라.

항아리를 보지 말라. 그 속에 무엇이 들어 있는가를 보라.

나무는 열매로 평가되고, 사람은 하는 일로 평가된다.

열리기 시작한 오이를 보고서, 장차 그것이 맛있게 될지 어떨지는 모른다.

행동은 말보다도 목소리가 크다.

사람들이 자기를 칭찬하게 하는 것은 좋지만, 자기 입으로 자기를 칭찬하지 말라.

훌륭한 사람이 아랫사람의 말을 듣고, 노인이 젊은이의 말에 귀를 기울이는 세상은 축복받을 것이다.

**사람을 빨리 늙게 하는 네 가지 원인**- 공포, 분노, 자녀, 악처

사람의 마음을 가라앉혀 주는 세 가지 요소-명곡, 조용한 풍경, 좋은 향기

사람에게 자신을 갖게 하는 세 가지 요소-좋은 가정, 좋은 아내, 좋은 의복

자신을 베풀지 않는 인간은 아무리 돈 많은 부자일지라도, 맛있는 요리를 차려놓은 식탁에 소금이 없는 것과 같다.

**자선에 대한 사람들의 태도에는 네 가지 유형이 있다.**
1. 자진해서 돈이나 물품에 남에게 주지만 다른 사람이 자기와 같이 돈이나 물품을 내놓는 것은 좋아하지 않는다.
2. 다른 사람이 자선을 베풀기는 바라고 있으면서도 자기는 자선을 베풀려 하지 않는다.
3. 자기도 기꺼이 자선을 베풀고, 남들도 자선 베풀기를 바라고 있다.
4. 자기도 자선 베풀기를 싫어하고, 다른 사람이 자선 베푸는 것도 싫어한다.

당신은 이 네 가지 유형 중 어디에 속한다고 생각되는가?

첫째 유형은 질투가 많은 사람이고, 둘째는 자기를 저하시키는 사람, 셋째는 선량한 사람, 넷째는 완전한 악인이다.

**하나님이 칭찬해 주시는 세 사람**

1. 가난하면서도 주운 물건을 주인에게 돌려주는 사람.

2. 부자이면서도 자기 수입의 일부를 남몰래 가난한 사람들에게 주는 사람.

3. 도시에 살고 있는 독신자로써 죄를 범하지 않는 사람.

이 세상에 살고 있으나 마나 한 사나이는, 식사 할 자기 집이 없고, 언제나 마누라 궁둥이에 깔려 지내고, 몸의 여기저기가 아파서 늘 괴로워하는 사람.

일생에 한번 오리와 닭요리를 배불리 먹고 다른 날에는 굶고 있기보다는 평생 동안 양파만 먹고 살아가는 편이 낫다.

자기 보존은 다음의 세 가지 경우를 빼면, 모든 것에 우선한다. 그러나 다음 세 가지 경우에는 자기를 희생시켜 목숨을 버리는 편이 낫다.

1. 다른 사람을 죽일 때.
2. 불륜한 성관계로 들어갈 때.
3. 근친상간을 할 때.

## 상인이 해서는 안 되는 일

1. 과대선전을 하는 일.
2. 값을 올리기 위해 매점매석 하는 일.
3. 계량을 속이는 일.

맛있는 과일에는 발레가 더 꼬이듯,
재산이 많으면 근심도 많고,
여자가 많으면 잔소리도 많다.
하녀가 많으면 풍기도 문란하고,
하인이 많으면 도둑도 많이 맞는다.
스승보다 많이 배우면 인생도 풍부해지고,
명상을 많이 하면, 지혜도 많아진다.
사람들을 만나 유익한 말을 들으면 길이 열리고,
자선을 많이 베풀면 더욱 큰 평화가 찾아온다.

벌거숭이가 되지 말라, 남들이 모두 옷을 입고 있을 때는,
옷을 입지 말라. 남들이 모두 벌거숭이일 때는,
서지 말라. 남들이 모두 앉아 있을 때는,
앉지 말라. 남들이 모두 서 있을 때는,
웃지 말라. 남들이 모두 울고 있을 때는,
울지 말라. 남들이 모두 웃고 있을 때는.

# 제4장
## 탈무드의 머리

사람의 머리는 모든 행동의 총사령부이다.

탈무드 안의 일화나 격언은 그냥 읽어서는 의미가 없다. 머리로 그 뜻을 생각할 때 비로소 탈무드의 가르침의 의미를 발견한다.

나는 한 구절의 말을 가지고 하루를 생각한 경우가 있다.

이 장에서는 내가 생각한 것을 쓰려고 한다. 그러므로 독자 여러분은 이 글들의 뜻을 깊이 생각해 주시기를 바란다.

## 애정

세상에는 12개의 강한 것이 있다. 먼저 돌이 강하다. 그러나 돌은 쇠로 깨뜨릴 수 있다. 쇠는 불에 녹고 불은 물로써 끌수 있다. 물은 증발해서 구름으로 변하고 구름은 바람에 이리저리 날린다. 하지만 바람은 인간을 날려 보내지 못한다. 인간은 절망으로 무너지고 절망은 술을 마시면 사라진다. 술은잠을 자면 깨어난다. 그러나 잠이 죽음만큼 강하지는 못한다. 그러나 죽음인들 애정을 갈라놓을 수 없는 것이다.


## 죽음

항구에 배 두 척이 짐을 가득 실은 채 정박해 있다. 한 척은 곧 출항하려고 하고 있고, 또 한 척은 방금 입항한 것이다. 그런데 대개 들어오는 배는 환영객이 거의 없으나 떠나는 배는환송객이 많다.

탈무드에 의하면 그것은 매우 어리석은 관례이다. 떠나가는 배의 미래는 알 수가 없다. 풍랑으로 침몰 할 지도 모르는일이다. 그런데 왜 성대히 환송하는 것일까? 긴 항해를 마치고 무사히 귀환하는 배야말로 커다란 기쁨이어서 성대한 환영을 베풀어야 하는 것이 아니겠는가?

왜냐하면 책임을 완수했기 때문이다.

인생도 마찬가지다. 어린아이가 태어나면 모두 축복한다.

그것은 마치 배가 항해를 나서는 것과 같다. 그 아이의 미래에 어떤 일이 발생할지 모르는 일이다. 병으로 죽을지도 모르는 일이다. 장래에 그는 흉악범이 될 지도 모른다.

그러나 사람이 죽었을 때, 그가 일생동안 한 일이 착실하면 그는 긴 항해를 마치고 돌아온 배와 같다. 그때야 말로 모든 사람들이 그를 축복해 주어야 할 것이다.


## 진실이라는 말

어린아이에게 히브리어를 가르칠 때에는 알파벳 하나하나마다 의미를 붙이고 있다.

히브리어로 진실이라는 말은 히브리어 알파벳의 첫 글자와 끝 글자의 중간 글자를 쓰고 있다. 이는 유태인에게 있어 진실이란 왼쪽도 오른쪽도 그리고 중간도 옳다는 사실을 가르치려 하기 때문이다.

## 술

탈무드에서는 하인이나 노예도 주인과 마찬가지로 똑같은 음식을 먹어야 한다고 가르친다. 주인이 안락의자에 앉으면 하인도 안락의자에 앉게 해야 한다. 훌륭한 사람이라고 해서 높은 데에 앉아서도 안 된다.

내가 이스라엘을 방문했을 때의 일이다. 전선의 부대장으로부터 초대받아 식사를 함께 할 때였다. 당번 사병이 맥주를 가져오자

"사병들도 마시는가?"

하고 부대장이 물었다. 사병이

"아닙니다. 맥주가 남은 것이 없어서 여기만 들여왔습니다." 하고 대답하자 사령관은 이렇게 말했다.

"그렇다면 나도 마시지 않기로 하지."

이것이 유태인들의 전통적 사고방식이다.


## 죄

사람은 누구나 죄를 범한다. 그래서 유태인의 가르침에는

동양의 도덕같이 엄격하고 근엄한 분위기는 없다.

유태인은 죄를 범해도 역시 유태인이다.

유태인의 죄에 대한 태도는 마치 과녁을 맞출 능력이 있는데도 화살을 과녁에 맞추지 못한 것처럼 원래는 죄를 범할 이유가 없는데, 우연히 죄를 범하게 된 것이라고 생각한다.

그들은 죄의 용서를 빌 때 『나』라고 하지 않고 『우리』라고 말한다. 자기 혼자서 범한 죄라도 여러 사람의 죄로 생각한다. 그것은 유태인 모두 한 가족이라고 생각하고 있어서 한 사람의 죄는 가족 모두의 죄라고 생각하기 때문이다.

어떤 유태인이 도둑질을 했다는 사실이 드러나면, 자신이 훔치지 않았더라도 도둑질이 일어났다는 사실을 들어 하나님께 용서를 빈다. 왜냐하면 자기의 관심이 부족해서 다른 이웃이 도둑질을 하게 되었다고 생각하기 때문이다.


손


사람이 태어날 때는 주먹을 쥐고 죽을 때에는 손을 펴고 죽는다.

왜냐하면 태어날 때에는 세상의 모든 것을 쥐려거 하고 죽을 때는 빈손으로 가려 하기 때문이다.


## 교사

　유태인의 가정에서는 아버지가 반드시 아이들에게 탈무드를 가르친다. 그런데 아버지가 너무 성급하거나 엄격하면, 아이들은 아버지를 무서워하는 나머지, 공부할 마음의 여유를 잃고 만다. 히브리어의 『아버지』라는 말에는 『교사』라는 뜻도 있다.

　가톨릭교의 신부를 왜 영어로 『파더(father)』라고 부르느냐 하면 히브리어의 개념을 지니고 있기 때문이다.

　유태사회에서는 자기 아버지보다도 교사를 더 소중히 생각한다. 그래서 만일 아버지와 교사가 함께 감옥에 갇혀 있는데 한사람만 구해낼 수 있다면, 아들은 교사를 구출한다. 그것은 유태사회에서는 지식을 전달하는 교사가 가장 소중하기 때문이다.

## 신성한 것

유태사회에서는 인간에게는 동물에서 천사까지의 폭이 있어서 가까워짐에 따라 신성한 것에 가까워져 간다는 관념이 있다.

랍비가 어느 때 학생들에게,

"신성한 것이란 무엇인가?"

하고 묻자, 대부분의 학생들은 『하나님을 위하여 목숨을 버리는 것』이라고 말하고, 또 다른 학생들은 『항상 기도하는 것』이라고 말했다.

그 밖의 여러 가지 대답이 나왔다.

그러나 랍비는 이렇게 말했다.

"그 답은 무엇을 먹느냐 하는 것과, 섹스를 어떻게 하느냐 하는 것이다."

학생들은 웅성거리며 이렇게 물었다.

"그러면 돼지고기를 먹지 않는다든가, 어느 때는 섹스를 하지 않는다든가, 그런 것이 신성한 것입니까?"

그러나 그 이유는 이러하다. 유태인이 안식일을 지키고 있다는 상태는 누구나 알고 있는 사실이다. 또 하나님을 위해서 죽는다는 것도 쉽게 알 수 있는 당연한 사실이다.

그러나 당신이 당신 집에서 무엇을 먹고 있느냐 하는 것은,

다른 사람들로서는 알 수가 없다. 아무리 다른 사람의 집을 방문하거나 거리에 나갔을 때, 유태인이면 누구나가 지키고 있는 계율에 맞는 식사를 할지라도, 사람들이 보지 않는 자기 집에서는 계율에 어긋나는 식사를 할지도 모른다. 또 섹스를 다른 사람들이 보지 않는 데서 할지도 모른다.

그러므로 집에서 식사를 할 때와 섹스의 행위를 하고 있을 때는, 인간은 동물에서 천사에 이르는 사이 그 어디에도 있을 수가 있다. 이런 때 자기를 높일 수 있는 사람이 진정 신성한 사람이다.


## 증오

유태인은 오랜 동안에 걸쳐 박해와 학살을 당한 역사를 가지고 있지만 증오를 말한 문학서나 문헌은 하나도 없다. 그것은 유태인들은 과격한 증오를 품지 못하는 인간이기 때문이다.

나찌 독일에 의하여 6백만이나 되는 유태인이 학살되었지만, 반독일적이거나 독일인들을 저주하는 책은 유태사회에는 없다. 또 이스라엘은 아랍인들과 전쟁을 하지만, 그들을 미워하고 있지는 않다. 기독교도들로부터 박해를 받고 있지만 기독교도들을 미워하거나 하는 일은 절대 없다.

그러므로 『베니스의 상인』에서 유태인 샤일록이 증오에 차서 "만일 당신이 돈을 갚지 않는다면, 1파운드의 살, 특히 심장을 도려내어 갚으라." 고 했다는 이 이야기는 순전히 꾸며낸 것으로, 현실적으로 유태인에게는 있을 수 없는 얘기다.

베드로가 바울에 대하여 말하는 것은, 바울이 어떤 인물이냐 하는 것보다도, 결국 베드로 자신이 어떤 인물이라는 것을 말하고 있는데 불과하다.

이와 마찬가지로, 셰익스피어는 기독교도이기 때문에, 그것은 기독교도적인 사고방식을 그대로 나태내고 있는 것으로, 유태인과는 전혀 관계가 없다.

만일 유태인이 교활하고, 잔인하고, 욕심이 많고, 부정직하고, 증오심이 강하다면, 어째서 가톨릭 협회가 자금이 필요할 때, 같은 기독교도를 찾아가지 않고 유태인들을 찾아오는 것일까? 그것은 곧 유태인들이 가장 동정심이 많고, 가장 정직하고, 가장 신뢰할 수 있는 사람으로 알려져 있다.

누구나 유태인을 찾아가서 슬픈 이야기를 한다면, 그는 틀림없이 동정을 베풀어 줄 것이다.

유태인은 돈을 떼여도 절대로 상대방을 벌주려 하지 않는다.

유태인은 어디까지나 상대방을 벌주기보다는 돈을 돌려받는데 관심을 가지고 있다. 그렇기 때문에 돈 대신 시계나 자동차를 잡기는 하지만, 팔이나 심장 같은 것은 가져가도 아무 쓸모가 없다는 사실을 잘 알고 있다.

탈무드는, 인간은 누구나 같은 한 가족으로, 하나의 큰 부분이기 때문에 설사 자기가 오른손으로 무엇을 만들다 잘못하여 왼손을 자를지라도 왼손이 그 보복으로 오른손을 자르는 것 같은 짓은 하지 말라고 씌어 있다.

탈무드 시대에는 대금업(貸金業)이란 것이 유태인 사이에는 존재하지 않는다. 그것은 당시는 농경사회였고, 몹시 가난한 사회였기 때문에다. 그러므로 셰익스피어의 작품을 읽을 때는 우선 기독교도들이 얼마나 유태인을 증오하고 멸시 했었는가 를 알지 않으면 안 된다.

만일 누가 어떤 사람에게서 돈을 빌렸을 경우, 돈을 빌려준 쪽에서는 그 돈이 틀림없이 되돌아 올 것이 보증되지 않으면 안 된다.

그러나 탈무드에 의하면, 아무리 담보를 잡고 돈을 빌려 주었더라도, 채무자에게 그 물건이 둘 이상 되지 않으면, 자기 것으로 만들 수는 없다고 되어 있다.

예를 들면 의복을 담보로 잡았을 경우, 채무자에게 그 의복이 한 벌 밖에 없다면 그것을 취할 수는 없다. 접시를 담보로 했을 경우에도, 그것이 하나밖에 없다면 취하지 못한다. 또 집을 담보했을 경우에도, 그 사람이 길거리에서 지내야 할 처지라면, 그 집을 차지하지 못한다.

단지 하나밖에 없는 경우라도 사치를 위해서 가지고 있는 것이라면 예외다. 생계를 유지하기 위해 꼭 필요한 것이라면 빼앗지 못한다. 예를 들어 그가 생계를 유지하기 위해 당나귀 한 마리를 가지고 있다면, 그것을 갖지 못한다. 단 당나귀를 사용하지 않는 밤에 끌어갈 수는 있다. 또 의복을 잡았을 경우, 이스라엘의 밤은 춥기 때문에, 밤이 되면 그 의복을 돌려 줘야 한다. 그러나 잡힌 사람이 찾으러 가는 것은 용납되지 않는다. 잡은 쪽에서 돌려주러 가야만 하는 것이다.

왜냐하면 그것은 인간의 존엄성을 손상하는 행위가 되기 때문이다.


## 담

유태인들은 수녀원에서 결혼하지 않는 승려의 존재는 믿지 않는다. 인간은 자연스럽게 사는 것이 가장 좋다고 생각하고 있기 때문이다.

탈무드 안에는, 『1미터의 담이 100미터의 담보다 낫다』는 말이 있다.

1미터의 담은 언제까지나 똑바로 서 있지만, 100미터의 담은 쉽게 무너져버리기 때문이다. 인간이 평생 동안 섹스를 하지 않는다는 것은 전혀 불가능하기 때문에, 이것을 비유하면 100미터의 담에 해당한다는 말이다.

아내가 없는 유태인은 기쁨이 없고, 하나님의 축복도 없고, 선행도 쌓지 못한다. 탈무드에는 남자는 18세에 결혼하는 것이 가장 옳다고 되어 있다.


## 학자

모든 재산을 팔아서라도 딸을 학자에게 출가시키는 것은 좋은 일이다.

또 학자의 딸을 데려오기 위해서는 모든 재산을 잃어도 좋다.


## 숫자

유태인은 7이라는 숫자를 좋아한다.

7일째를 안식일이라 하고, 7년째는 모든 밭을 쉬게 해서 경작하지 않는다. 49년째의 해를 희년(기쁜 해)이라 해서, 밭을 경작하지 않고 쉬게 하고, 모든 빚을 탕감해 주고 노예를 해방시켜 준다.

일 년 중 2개의 중요한 축제가 있다. 하나는 패스오비(유월절~출애급기념)와 스콧트(수확제)인데, 각각 7일간씩 축제를 연다.

유태인의 달력은 세계에서 가장 정확하다. 이집트에서 노예로 있었던 유태인의 조상들이 탈출하던 날을 유태인의 노예로 부터의 해방 받던 중요한 날로써, 그 날을 일월로 하여 7개월 후에 신년이 시작된다.

미국의 신년은 1월 1일이다. 그러나 미국 역사에 있어 중요한 최초의 날은 7월이다. 회계연도 학교의 시작도 7월이다.

그와 마찬가지로 유태인의 출애급이 최초의 첫 달이 되는 것이다. 패스오버(유월절)이 1월 그리고 7개월 후에 신년을 맞이하여 스콧트(수확절)로 지킨다.

# 먹지 못하는 것

유태인은 피가 전부 빠진 고기만을 먹는다. 피는 곧 생명이라고 생각하기 때문이다. 그래서 그들은 물고기나 짐승의 피를 모두 제거해서 먹기 때문에, 그들의 고기는 모두 건조한 것들 뿐이다.

동물을 잡을 때 피가 굳어버리기 때문에 때려잡지 않는다.

전기로 죽이는 방법도 쓰지 않는다.

그들은 옛날부터 동물에게 고통을 주지 않고 피를 뽑아내는 방법을 연구했다.

우선 짐승을 잡아 30분간 물에 담갔다가 굵은 소금을 뿌려 피를 뽑아낸다.

소금을 뿌려 놓으면 순식간에 피가 흡수된다. 간장이나 심장처럼 피가 많은 부분은 불에 그을려 피를 뽑는다. 이런 일은 피가 더러워서 하는 것은 아니다.

동물을 도살하는 사람은 랍비와 같이 해부학의 전문가들이다. 그들은 신앙심이 깊은 사람들로써, 모두에게서 존경을 받는 사람들이다.

유태인은 이미 4천 년 전부터 해부학에 조예가 깊었다. 탈무드에도 랍비가 인체해부까지 했다는 말이 있을 정도였다.

당시만 해도 해부의 지식은 거의 완전에 가까웠다.

짐승을 잡을 때에는 잘 갈아놓은 칼로 잡는다. 그리고 사용할 때마다 칼을 잘 갈아서 쓴다. 잡을 동물은 거꾸로 메달아 목을 베고 피를 완전히 뽑아낸다.

그 짐승을 세밀하게 조사한다. 이것은 식품검사를 엄밀하게 하는, 어느 나라의 검사보다도 더 격하다. 다른 나라의 식품검사에서 합격할 정도로 위생상 잘 잡은 동물이라도, 랍비의 검사에서 불합격의 판정을 받을 때가 많다.

유태인이라고 해서 피를 기피하는 것만은 아니다. 제단에 양을 바칠 때, 그 피를 부정한 것으로 취급해서 바치는 것은 아니다.

또 유태인은 새우를 먹지 않는다. 그것은 그들이 새우를 먹는 다른 사람보다 더 위생적이거나 새우가 비위생적이어서가 아니다. 또 새우를 유태인이 먹지 않기 때문에, 새우가 좋은 것이 아니라는 말도 아니다.

여기에는 아무 이유가 없다. 단지 그들의 율법에 새우를 먹지 말라는 하나님의 명령이 있다는 기록 때문에 먹지 않을 뿐이다.

또 그들은 네발 달린 짐승 중에 두 개 이상의 위가 있고 발굽이 두 개 이상 갈라져 있는 짐승 아니면 먹지를 않는다.

돼지는 위가 하나밖에 없기 때문에 안 먹으며, 말은 굽이 하나밖에 없기 때문에 먹지 않는다.

그리고 물고기는 지느러미와 비늘이 없는 것은 먹지 않는다. 뱀장어 같은 것은 먹지 않는다. 새 종류도 고기를 먹고 사는 독수리나 매 같은 것은 먹지를 않는다.


## 거짓말

탈무드에서는 다음 두 가지의 경우에는 거짓말을 해도 된다고 권하고 있다.

1. 누가 이미 물건을 산 뒤에 이것이 좋은가 아닌가를 물을 때, 그것이 보기에 좋지 않더라도 좋다고 해라.

2. 친구가 결혼을 했을 때 반드시 그 부인을 『미인이군』이라고 거짓말하고 행복하게 살기를 축복해 주라.

## 착한사람

세상에는 4가지 필요한 것이 있다. 금, 은, 철과 동이다.

그러나 그 4가지의 물건을 대용으로 쓸 물건을 찾을 수는 있다. 그러나 도저히 대용품을 찾을 수 없는 것이 있으니 그것은 착한 사람이다.

탈무드는 이 착한 사람을 커다란 야자나무나 헤바논의 삼나무로 비견한다.

야자나무는 무성하고 삼나무는 늠름하고 높이 솟아있다.

이 나무를 베어버리면 야자나무는 다시 성장하기까지는 4년이 걸리며, 삼나무는 그 늠름하고 웅장한 크기를 잃어버리게 된다.

## 동전

탈무드 시대의 유태인 가정은 안식일 전날 금요일 저녁에 항상 지키는 행사가 있다. 어머니는 양초에 불을 켜 놓고 아버지는 자식들의 머리에 손을 얹어 축복 기도를 드리는 일이다.

그런데 유태인의 가정에는 반드시 『유태민족 기금』이라고 쓴 모금 상자가 놓여 있다. 어머니가 양초에 불을 붙일 때 미리 아이들에게 나누어준 동전을 그 상자에 넣게 한다. 이는 어릴 때부터 자신행위를 교육시키기 위해서다.

금요일 밤에는 가난한 사람들이 부자 집을 다니면서 동정을 구한다. 그러면 각 집에서는 모금상자의 돈을 직접 아이들을 시켜서 주게 한다.

이것 역시 아이들에게 자선을 가르치기 위한 교육방법이다. 지금도 유태인이 세계에서 자선을 위해 돈을 가장 많이 내어 놓고 있다.


## 두 개의 머리

탈무드에는 사물을 깊이 생각하게 하는 사고법의 원리에 대한 이야기가 많이 있어 사고를 단련시키고 있다. 여기에 그 한 예를 들어 소개하고 함께 생각해 보려고 한다.

가령, 한 아이가 두 개의 머리를 가지고 태어났다고 하자.

두 사람으로 보아야 하는가 아니면 한 사람으로 보아야 하가? 하는 질문이 있다고 하자.

얼핏 어리석은 질문같이 생각된다. 그러나 『몸이 하나이면

한 사람이다.』라던가 『머리가 하나에 한 사람이다.』라던가 하는 어떤 원칙이 세워져야 된다는 의미에서 이런 질문은 필요한 가설이다.

유태교에서는 아이는 태어난 1개월째에 교회에 데려가 축복을 받는다. 그 때 머리가 둘이면 두 번 축복을 받아야 하느냐?

몸이 하나이므로 한 번 축복을 받아야 하느냐? 또 기도할 때 주발같이 생긴 모자를 쓰는데 하나만 써도 되느냐? 둘을 써야 되느냐? 이런 많은 답변을 주어야 할 일들이 있다.

탈무드는 이 답이 명확하다.

한쪽머리에 뜨거운 물을 떨어뜨려 딴 머리도 같이 뜨겁다고 하면 한 사람이요, 딴 머리가 아무렇지도 않고 보고만 있으면 두 사람이 되는 것이다.

나는 유태인이 어떤 민족인가를 이야기할 때마다 이 이야기를 응용한다.

이스라엘에 있는 유태인이 박해를 받거나 러시아에 있는 유태인이 박해를 받거나 간에 그 박해의 소식을 듣고 고통을 느끼며 비명을 지른다면 그 사람은 유태인이다. 그렇지 않으면 그는 유태인이 아니다.

이처럼 응용범위가 넓은 예화는 탈무드에 많이 있다. 랍비들이 설교에 이같이 많은 예화를 든 것은 설교를 잊기 쉬우나

이 같은 예화나 우화는 오래 기억하기 때문이다.


## 간음

탈무드 시대에 있어서는, 만일 아내가 다른 남자와 성적인 관계를 가졌을 경우, 이것은 물론 남편에 대한 죄를 범한 것이기 때문에, 그 남편은 아내나 아내의 정부에 대하여 어떤 제재를 내려도 좋도록 되어 있었다. 남편은 그들에게서 벌을 줄 수도 있고 용서를 줄 수도 있었던 것이다.

그러나 이것은 다른 민족인 경우이고, 유태인으로서는 그 것은 하나님에 대한 죄이며 따라서 남편은 용서해 줄 권리가 없었다. 그것은 하나님이 유태인에게서 내려주신 율법에 대한 죄다. 결국 그것은 인간에 대한 죄가 아니라 하나님에 대한 죄라고 생각되었던 것이다.

## 자백

유태인의 법에서는 자기에게 불리한 증언을 하는 것은 무효다. 따라서 자백은 인정되지 않는다. 왜냐하면 오랜 경험에 의해서, 고문으로 자백을 받아내는 경우가 많다는 것을 알고 있기 때문이다. 이스라엘에서는 지금도 자백은 무효로 되어 있다.


## 섹스에 대하여

성교를 올바르고 깨끗하게 행하면 기쁨이다. 성교에 대하여 추하다는 말을 사용해서는 안 된다.

탈무드에 『모든 교사는 아내를 얻지 않으면 안 되고, 모든 랍비는 결혼하지 않으면 안 된다』라는 말이 있다. 이것은 아내가 없는 자는 인간이 아니라는 사상에서 온 것이다.

탈무드에서 섹스를 『생명의 냇물』이라고 부르고 있다. 냇물은 때로는 난폭하게 홍수를 일으켜 온갖 것을 파괴하기도 하지만, 때로는 유쾌하게 온갖 것을 열매 맺게 하여 세상을 유익하게 한다.

남자의 성적 흥분은 시각을 통해서 일어나고, 여자의 성적 흥분은 피부의 감각을 통해서 일어난다.

그래서 탈무드는, 남자들에게는 『여자와 스칠 때 주의하라』고 했고, 여자들에게는 『옷차림에 주의해라』고 했다.

계율이 엄격한 유태인 사회에서는 상인이 거스름돈을 줄 때 여자 손님에게는 절대로 손으로 주지 않는다. 반드시 어디에 놓고 손님이 집어가게 한다.

또 계율을 존중하는 이스라엘의 여성들은 미니스커트 따위는 절대로 입지 않는다. 긴 소매에 긴 스커트의 옷을 입는다.

랍비는 남자가 절정에 도달할 때와 여자가 절정에 도달할 때 사이에 시간적 차이가 있다는 사실을 알고 있다. 즉 여성이 흥분하기 시작하기도 전에 남자는 끝낼 수가 있는 것이다.

남편이 아내와 성교를 시작할 때면 매번 설득해야 한다. 상냥한 말을 걸고 부드럽게 애무해 주는 시간을 충분히 취하도록 하지 않으면 안 된다.

월경이 있는 동안에는 품어서는 안 되고, 월경 후에도 7일간은 금지되어 있다. 아무리 부부 사이지만 이 10일 동안에는 절대로 성교할 수 없기 때문에, 이 동안 남편의 아내에 대한 그리움이 깊어져, 계율의 날짜가 지나면, 부부는 언제나 신혼 때와 같은 관계를 되풀이 할 수가 있다.

결혼한 여자는 절대로 딴 남자와 성관계를 맺어서는 안 된다. 남자는 허용된다.

탈무드 시대에 있어서는 남자는 두 사람 이상의 아내를 거느리는 일이 허용되었지만, 일부일처 제도가 확립된 이후로는 누구든 아내는 한 사람밖에 얻지 않게 되었다. 한 아내 이외의 여자를 거느린다는 것은 성실성이 부족한 남편이라는 관념이 생겼기 때문이다.

그러나 탈무드 안에는 매춘부를 사는 얘기가 몇 개 있다. 수음을 하는 것보다는 매춘부에게 가는 편이 낫다. 아내가 계속 성교를 거절할 경우와 같은 때 남자가 매춘부를 찾아가는 것은 부득이한 일이라고 생각되고 있다.

그러나 매춘부는 돈 때문에 몸을 파는 천한 여자다. 유태인들의 사회는 학문을 존중하고 계율을 존중하고 종교를 존중하기 때문에, 매춘부가 번성한 적은 별로 없었다.

탈무드 시대부터 랍비는 피임법에 관하여 정통하고 있었다. 누가 어떤 피임법을 써야 하느냐에 대한 것은 모두 랍비가

지도했다. 그리고 이 피임법은 여자만이 사용한다.

탈무드에 의하면 피임법을 써도 괜찮은 경우가 셋 있다.

그것은 임신한 여성, 아이를 기르고 있는 여성, 그리고 어린여자의 경우다.

임신한 여성이 왜 피임법을 써도 좋냐 하면, 그 당시 랍비들의 지식으로는 임신 중에 또 임신하는 수가 있을지 모른다고 생각했기 때문이다. 또 아이를 기르고 있는 어머니의 경우는, 어린아이는 네 살까지 돌봐 주는 것이 옳다고 생각하여, 이기간 동안에 또 아이를 낳는다는 것은 별로 장려하지 않았기 때문이다. 또 어린 여자아이의 경우는, 아무리 결혼한 사이라도 너무 일찍 아이를 낳으면 몸에 해롭다고 생각했기 때문이다.

이 밖에 흉년이 들었을 경우, 민족이 위기에 빠졌을 경우, 유행병이 돌고 있을 경우 등에도 피임법을 쓰도록 장려했다.


## 동성애

동성애는 랍비들이 용서할 수 없는 행위였다. 유태인에게는 동성애는 극히 적었다. 그것은 몹시 억센 아버지와 인자한 어머니, 이것이 유태 남녀의 이상형이었기 때문이다.


## 사형

재판소에서 사형의 판결을 내릴 경우, 판사들이 전원일치로 판결했을 경우는 무효다. 그것은 재판에 대해서는 항상 두 가지 견해가 있기 마련이어서, 만일 한가지 견해밖에 나타나 있지 않으면 공정한 재판이 아니라고 생각했기 때문이다. 그래서 사형이라는 극형을 결정할 때에도 전원이 일치하면 사형이 되지 않는다는 규정이 있다.


## 물레방아

A와 B의 두 사람이 있다. 그런데 A는 B에게 물레방아를 빌려 주었다. 그 임대료는 B가 A의 물레방아를 사용하는 대신, B는 A의 곡식 전부를 찧어 준다는 조건으로 계약되어 있었다.

그러는 동안 A는 부자가 되어, 다른 물레방아 몇 개를 더 샀기 때문에, 곡식을 찧는 일은 B에게 의뢰할 필요가 없게 되었다. 그래서 어느 날 A는 B에게 와서 임대료를 돈으로 달라고 했다. 그러나 B는 계속 임대료 대신 곡식을 찧고 싶은 생각이었다.

이런 경우 어떻게 하면 좋을까?

탈무드의 판결에 의하면 이러하다. 만일 B가 A의 곡식을 찧지 않음으로 해서 돈을 지불할 능력이 없다면, 계약대로 임대료 대신 A의 곡식을 찧어 주어야 한다.

그러나 A가 아닌 다른 사람의 곡식을 찧어서 돈으로 지불할 수 있으면, 돈으로 지불해야 한다.


## 보증

고용주와 종업원이 있었다. 종업원은 고용주를 위해 일을 해주고 1주일마다 임금을 받도록 되어있었는데, 현금이 아니라 근처의 상점에서 필요한 물건을 사면, 상점에서 고용주에게 와서,

"상점에서 현금을 가져오지 않으면 팔지 않겠다고 합니다. 현금을 지불해 주십시오." 하고 말했다.

그런데 이윽고 상점 주인이 와서,

"댁의 종업원이 물건을 이만큼 가져가서 대금을 받으러 왔습니다."

하고 말하는 것이었다.

이 경우 고용주는 어떻게 해야 할까?

우선 사실을 확인 할 필요가 있지만, 아무리 조사해 보아도 종업원이나 상점 주인이나 사실을 증명할 아무 근거도 없었다.

그래서 탈무드에서도 어떻게 하면 좋을지 몰랐다. 그러나 두 사람 모두 선서까지 했는데도 자기의 주장을 굽히지 않았기 때문에, 탈무드는 고용주에게 양쪽에 다 지불하라고 명령했다.

왜냐하면 종업원은 상점의 청구와는 직접적인 관계가 없고, 상점 주인도 종업원과는 직접적 관계가 없다. 그러나 고용주는 양쪽에 다 같이 관계가 맺어져 있기 때문에, 그런 관계를 맺은 이상 그 어느 쪽에도 책임이 있기 때문에 이중 지불을 하라고 한 것이다.

이것은 탈무드 안에서도 오랜 동안 논의되어 온 항목이지만, 이 의견이 가장 옳다. 어느 한 쪽이 거짓말을 하고 있는지도 모르지만, 그들은 선서를 했고, 또 고용주는 양쪽에 모두 관여되기 때문에 어쩔 수 없는 일이다.

이것은 요컨대 경솔하게 보증을 서서는 안 된다는 교훈이다.


## 광고

광고는 허위로 과대선전해서는 안 된다. 그럼에도 자동차, 맥주, 전자제품 등 판매경쟁을 위한 광고에서 반드시 바른 선전을 하고 있는 것은 아니다.

예를 들어 어떤 사회의 상품보다 좋다고 광고하는데, 사실은 그렇지 못한 경우가 있다. 또 포장이나 디자인이 물품보다 월등해서 속기가 쉽다. 사업에서는, 이것을 좋은 판매방법이라고 말하고 있다.

미국 담배의 광고를 보면 아름다운 아가씨가 고급승용차 안에서 담배를 맛있게 피우고 있는 장면이 있다. 여기서는 거짓말을 하는 것은 아니다. 그러나 실제로 담배 피우는 사람은, 그 여자와는 아무 관계가 없는 것이다.

탈무드는 이 같은 판매방법을 금하고 있다. 이것은 사람을 속이는 일이라고 보기 때문이다.

소를 팔 때 가죽과 털에 다른 색칠하는 것을 금하고 있다.

다시 말하면 속이기 위해서 색칠해서는 안 된다고 말하는 것이다. 그러기 때문에 다른 물건도 새것으로 보이기 위해 색칠해서는 안 된다고 금하고 있다.

어느 곳에 노예를 팔려고 머리에 물감 들이고 얼굴에 화장을 해서 젊게 보여 팔았다는 이야기와 채소 장수가 싱싱한 채소를 위에 놓고 오래된 것을 밑에 놓고 팔았다는 이야기를 하면서 이런 일을 금하고 있다.

또 탈무드는 건물의 안전 규칙을 세세하게 말하고 있는데, 차양의 길이, 발코니 기둥의 굵기에 이르기까지 규정하고 있다.

노동시간에 대해서도, 그 지방의 일반상식에 넘어서는 노동시간을 넘어서는 안 되며, 과일 따는 작업 중에 일하는 노동자가 그 과일을 먹는 것을 금해서는 안 된다고 말하고 있다.

또 상품을 팔 때 물건내용과 성질이 다른 이름을 붙여서는 안 된다고 금하고 있다. 미국에서의 광고는 킹사이즈니 풀 야드니 하는 등의 과대 표현을 쓰고 있는데 풀 야드라는 것은 야드에 불과한 것이니 역시 과대 표현이다.

이미 탈무드에서는 오래 전부터 이러한 과대 표현을 금하고 있는 것이다.

## 소유권

이 장에서는 소유권에 대한 이야기를 하려 한다.

만일 소를 가진 사람은, 그 소에다가 낙인을 찍어서 소유를 표한다. 시계는 자기의 이름을 새겨 놓을 수가 있고, 자동차나 집은 관청의 등기소에 등기를 놓음으로써 소유권을 보증할 수 있다.

그러나 물건에 따라 등기나 이름이나 낙인을 찍을 수 없는 것이 있다. 이런 물건은 어떻게 소유를 증명하면 되는가.

탈무드는 여러 가지 예를 들고 거기서 원칙을 세운다. 이유는 일원으로부터 백억 원 가량의 폭 넓은 속에서 원칙을 세워 두지 않으면 판단하기가 어렵기 때문이다.

두 사람이 다른 문으로 해서 극장에 들어갔다. 그리고 중앙의 두 번 의자가 있어서 앉으려고 했다. 그런데 소유권을 확인할 수 없는 물건이 놓여 있는 것을 두 사람이 동시에 발견하고 서로 자기의 것이라고 했다. 이것을 어떻게 판단해야 하는가?

나누어 가지면 된다는 의견이 있다. 원칙상 안 된다. 왜냐하면 재판소에서 나눌 때, 다른 사람들도 손을 내밀게 되고 모두 내 것이라고 할지도 모른다. 발견하지도 않은 사람들이 나누자고 하는 것도 곤란한 일이다.

탈무드는 성서에 손을 얹고 선서해라. 양심에 비추어서 자기 것이라고 생각하면 가지라 했다. 하지만 이 역시 언제나 누가 무어라고 이견을 내면, 그것을 반박할 의견은 또 나온다.

그래서 선서도 쓸데없다.

선서를 했는데 물건의 반밖에 가질 수 없어서는 선서 자체를 모독하는 일이라고 보는 것이다. 그러나 어찌했던 간에 선서하는 것이 최후의 낙착을 보고 있다.

그러나 그 물건이 금화가 아니고 고양이일 경우 그것은 반으로 나눌 수 없다. 그런 경우 고양이를 팔아서 돈으로 반씩 나눠가지면 된다. 또 고양이 값의 반을 상대에게 주고 자신이 고양이를 가져가면 된다.

단지 고양이의 경우 소유주가 나타나기를 일정기간 동안 기다려야 한다.

이러한 복잡한 수속이 필요하지만, 천 달러 지폐는 소유주가 찾지 못하는 것으로 치고 처음부터 반으로 나눈다.

어떤 사람이 돈을 길에 떨어뜨려 누군가 주운 후에 돌아와 여기에 내가 만원을 떨어뜨렸는데 주우러 왔다고 한다고 해도 그 사람이 정말 떨어뜨렸는지 입증할 수 없을 뿐만 아니라 지폐에 이름을 적어두었다고 해도 자기 손에 거쳐 간 돈에 모두 이름을 적었다고 해서 얼마 후 다른 사람이 자기의 이름이 적힌 지폐를 가지고 있을 때 자기의 소유를 주장할 수 없는 것이다.

그러나 특별한 경우가 있다. 그 잃어버린 지폐와 함께 어떤 편지가 들어 있어서 자기의 고유임을 확실하게 증명할 수 있으면 다르다.

극장 사례의 경우 먼저 만진 사람이 소유한다고 되어 있다. 그것은 보았다는 것은 입증이 곤란하지만 만졌다는 것은 입증이 확실하기 때문이다.

그것이 탈무드의 원칙이다.


## 두 개의 세계

한 랍비가 두 사람에게 돈을 빌렸다. 그런데 사람들이 랍비를 신뢰하는데, 내가 두 사람 중의 한 사람에게는 1천원을, 또 한사람에게 2천원을 빌렸다. 그들이 내게 돈을 달라고 왔는데 두 사람 모두 2천원을 갚으라고 말을 하고 있다. 그 두 사람 중 에 누구에게 2천원을 빌렸는지 분간하지 못하겠다.

어떻게 하면 좋은가? 하고 물어 왔다.

탈무드에는 두 가지 의견이 있다.

누가 2천원을 주었는지 알 수 없지만 누군가에게서 천원을 빌린 것은 틀림없으므로 우선 천 원 씩을 주고 천원은 확실한 증거가 나올 때까지 재판소에 맡겨둔다는 의견이다.

그런데 한 사람의 랍비가

"아니다, 둘 중의 하나는 도둑이다. 천원 밖에 주지 않았는데도 다시 천원을 더 받으려고 한다. 만일 천원 씩을 준다면 그 도둑은 잃을 것이 없게 된다. 그래서는 사회 정의가 서지 않는다. 도둑이나 악인에게 이득을 보게 해서는 안 된다.

악인이 벌 받지 않고 그냥 지나게 해서는 사회 정의가 확립되지 않는다. 그러니 두 사람에게 천원 씩을 주어서는 안 되고 모두 법정에 보관해야 된다." 고 했다.

그러나 도둑에게 천원이 돌아가지 않으면, 도둑은 집에 돌아가 수첩을 뒤적여 보니 내가 천원을 준 사람이었고 해서 천원을 찾아갈 가능성이 있다.

그래서 앞의 극장에서의 일로 돌아가는데, 극장에서도 같은 원칙이 적용되어야 한다고 본다. 한쪽은 거짓을 말하고 있다. 그럼에도 불구하고 반을 차지한다는 것은 거짓말쟁이에게도 이득을 주는 일이 되므로 사회 정의의 원칙에 위배된다. 그러므로 재판소는 증거가 있을 때까지 그 물건을 맡아 두어야 한다.

그러나 극장의 경우는 두 사람이 함께 발견할 수 있으므로 선서시켜 볼만하지만 이 경우는 어느 하나가 확실히 거짓말쟁이이므로 선서시킨다는 것은 무의미하다.

거짓 맹세는 하나님의 십계명에 위배되는 일이다. 만일 선서를 하면 39대의 채찍을 맞는다. 거짓선서는 사람에게는 큰 수치인 것이다.

탈무드에서 조차도 극장에서 돌아온 두 사람이 서로 자기의 것이라고 주장한다면 선서도 아무 의미가 없게 되고 더 이상 탈무드로서도 어찌할 수 없는 일이다.

탈무드가 아무리 지면을 충분히 활용하고 있는 책이라고 해도 긴 이야기를 한정된 지면에 쓰고 있으므로 헛되이 사용할 수 없다. 이런 논쟁은 자주 반복된다. 이런 예는 탈무드에서는 드문 예이다.

그러나 잘 생각해 보면 두 개의 전혀 맞지 않는 이야기를 되풀이 하고 있는 것 같다. 이는 두 개의 이해해야 할 양면 세계가 있다는 것을 의도적으로 이야기하려고 하기 때문이다.

# 제5장
## 탈무드의 손

손은 머리의 판단에 따라 움직인다. 탈무드 연구의 학도로써 오직 탈무드적인 사고방식을 취해 온 나의 손은 어느 사이엔가 탈무드에 의해 움직이게 되었다. 여기에서는 거의 매일같이 사람들이 가지고 찾아오는 어려운 문제나 괴로운 문제를 내가 어떻게 해결하느냐 하는 실 예를 소개하려 한다.

## 형제애

형제가 다투고 있었다. 누구의 말이 옳다 그르다 하는 따위의 언쟁이 아니라, 돌아간 어머니의 유언을 둘러싼 재산싸움이었다. 유언의 해석에는 서로 일리가 있었다.

이 두 형제는 어린 시절부터 독일, 러시아, 시베리아, 만주 등지로, 전쟁 중 이리저리 함께 도망을 다닌 처지였으니만큼 몹시 우애가 두터운 형제였는데, 이 유언을 둘러싼 싸움으로 서로 헐뜯기를 반복했기 때문에, 형은 아우를 잃고 아우는 형을 잃어버릴 지경이 되고 말았다. 두 사람은 서로 말도 안하고, 같은 방에 있으려고도 하지 않았다.

어느 날 그들이 각각 내게 와서, 형은 동생을 잃었다고 한탄하고, 동생은 형을 잃었다고 한탄했다. 두 사람은 모두 자기에게는 싸울 생각은 전혀 없다고 호소했다.

그러던 어느 날, 아메리칸 클럽에서 회합이 있었는데, 그 강연을 내가 맡게 되었다. 그래서 나는 주최자에게 그 두 형제를 서로 모르게 초대해 달라고 부탁했다. 평소라면 두 사람은 얼굴이 마주치면 곧 등을 돌리고 헤어지게 마련이지만, 이번만은 초대자의 체면 때문에 그대로 자리에 앉아 있게 되었다.

나는 인사를 끝내자, 다음과 같은 탈무드의 이야기를 시작했다.

어느 때 이스라엘에 두 형제가 살고 있었다. 형은 결혼하여 아내와 아이까지 있었고, 동생은 아직 독신이었다. 두 사람 다 부지런한 농부였으며, 아버지가 돌아가시자, 그 재산을 둘이 나누어 가졌다.

사과나 옥수수를 수확하자, 그것을 공평하게 이등분하여 각자의 창고에 넣었다.

그런데 밤이 되자 동생은,

"형에게는 형수와 조카가 있어서 생활이 어려울 거야. 내 몫을 좀 가져다 드려야지." 생각하고, 형의 창고에 상당한 양을 옮겨 놓았다.

한편 형은 또,

"나는 아내와 아이가 있으니까 만년에 걱정이 없지만, 동생은 독신이니까 저축이 있어야 할 거야."

생각하고 옥수수와 사과를 동생의 창고로 옮겨다 놓았다.

아침이 되어 형제가 각각 창고에 가 보니, 어제와 똑같은 수확물이 조금도 줄지 않고 그대로 있었다.

다음날 밤도, 또 다음날 밤도 이와 같은 일이 되풀이되어, 사흘 밤이 계속되었다.

그런데 다음날 밤, 형과 동생은 옥수수와 사과를 서로 상대방의 창고로 나르다가, 도중에서 마주치고 말았다. 그래서 두 형제는 서로를 얼마나 끔찍이 생각하고 있는가를 알게 되었다. 두 형제가 농작물을 그 자리에 팽개치고, 서로 부둥켜안고 울던 곳은, 지금도 예루살렘에서 가장 고귀한 장소라고 알려지고 있다.

나는 이 강연에서 가족의 애정이 얼마나 소중한 것인가를 강조했다. 그 결과, 이 두 형제의 오랜 동안의 반목은 얼음 녹듯이 풀렸다.


## 개와 우유

어느 집에서 개를 기르고 있었다. 그 개는 이 집에서 오랫동안 살았고, 가족들은 그 개를 몹시 귀여워했다. 그 중에서도 특히 그 집의 어린 아들이 더욱 귀여워했다. 그는 잘 때도 개를 자기침대 밑에 재워, 완전히 일심동체의 생활을 했다.

그런데 어느 날 개가 죽었다. 아버지는 개 란 것은 언젠가는 모두 죽게 마련이니까 어쩔 수 없는 노릇이라고 말했다.

그러나 아들은 마치 자기의 형제처럼 소중히 여기던 충실한 친구를 잃게 된 것을 몹시 슬퍼하며, 그 개를 자기 집 뒤뜰에 매장해 주자고 하였다. 물론 그도 개의 시체를 아무데나 갖다 버린다는 것은 참을 수 없는 노릇이었다.

그러나 아버지가 개를 뒤뜰에 묻어주는 것을 반대하여 가족들 사이에 큰 논쟁이 벌어졌다.

드디어 아버지는 내게 상담을 청하여, 유태인의 전통에 개를 매장하는 어떤 의식이 있느냐고 물었다.

이 이야기를 처음 전화로 들었을 때, 나는 몹시 당황했다. 이제까지 여러가지 질문을 받아 왔지만, 개에 대한 것은 처음이었다. 그러나 내 머리에 우선 떠오른 것은 슬퍼하고 있는 아들의 일이었다. 나는 우선 그 집을 방문하겠다고 약속했다. 랍비는 그런 이야기를 전화로 하지 않는다. 본인을 직접 만나 얘기하는 것이 관례로 되어 있기 때문이다.

나는 집에 가기 전에 탈무드를 꺼내어, 개에 대한 전례가 있는가를 찾아보았다. 그런데 마침 좋은 얘기가 있었다.

집안에 우유가 놓여 있었다. 그런데 뱀 한 마리가 그 우유 속으로 들어갔다. 고대 이스라엘의 농촌에는 뱀이 많았다. 그런데 그 뱀이 독사였기 때문에, 뱀의 독이 우유 속에 용해되었다.

개만이 이 사실을 알고 있었다.

가족이 찬장에서 우유를 꺼내려고 하자, 개가 무섭게 짖어댔다. 그래도 가족들은 개가 왜 그렇게 소란을 피우는지 몰랐다. 드디어 한 사람이 그 우유를 마시려 했을 때, 갑자기 개가 덤비는 바람에 우유가 엎질러졌다. 개는 그것을 핥아 먹었다.

그리고 곧 죽어 버렸다. 그제야 가족들은 그 우유에 독이 들어 있었다는 것을 알았다. 그래서 그 개는 당시 랍비들에게 많은 경의와 칭찬을 받았다.

나는 그 집에 가서 가족들에게 탈무드의 이 이야기를 해 주었다. 아버지의 반대는 차차 누그러졌고, 결국 아들의 희망대로 그 사랑하는 개는 뒤뜰에 매장되었다.


## 당나귀와 다이아몬드

도쿄에 살고 있는 한 유태 여인이 백화점에 가서 물건을 샀다. 집에 돌아와서 상자를 열어보니, 거기에는 자기가 사지 않은 물건이 나왔다. 그것은 몹시 값비싼 반지였다. 여인은 양복과 외투만을 샀는데, 어떻게 된 셈인지 그 반지가 함께 들어 있었다.

여인은 생활이 넉넉하지 않았지만, 아들과 둘이 살고 있었기 때문에 어린 아들에게 그 이야기를 하고, 두 사람은 랍비에게 상담을 하려고 나를 찾아왔다. 그래서 나는 탈무드의 이야기를 들려주었다.

한 랍비가 나무꾼 노릇으로 생계를 유지하고 있었다. 그는 산에서 나무를 져다가 먼 장터에 갔다 팔았다. 그는 왕복시간을 단축시켜 탈무드 공부에 이용할 생각으로 당나귀를 한 마리 사기로 했다.

그는 장터에 사는 아랍인에게 당나귀를 샀다. 그의 제자들은 당나귀를 샀기 때문에 빨리 다닐 수 있다고 기뻐하면서 당나귀를 냇가로 끌고 가서 물로 씻겼다. 그러자 당나귀의 목 갈기에서 큰 다이아몬드 한 개가 떨어졌다. 제자들은 이제 랍비는 가난한 나무꾼 생활을 하지 않아도 되고, 탈무드 공부와 자기들을 가르쳐 줄 시간이 많아 졌다고 기뻐했다.

그러나 랍비는 제자들에게, 당장 장터로 아랍상인을 찾아가 그 다이아몬드를 돌려주라고 명령했다. 제자들이,

"랍비님, 이것은 랍비님이 사신 당나귀가 아닙니까?"

하고 묻자, 랍비는 말했다.

"나는 당나귀를 산 기억은 있지만 다이아몬드를 산 기억은 없다. 내가 산 물건만을 갖는 것이 정당한 것이다."

랍비는 드디어 아랍인을 찾아가 다이아몬드를 돌려주었다. 그러자 아랍인이 말했다.

"당신이 그 당나귀를 샀고, 다이아몬드는 그 당나귀에 붙어 있었소. 굳이 반환할 필요가 어디 있지요?"

랍비는 대답했다.

"유태인의 전통으로는 산 물건만을 가져야 하오.
그래서 이것을 당신에게 반환하는 것이오."
그러자 아랍 상인이 이렇게 말했다.
"정말 당신들의 하나님은 훌륭한 하나님이군요."

그 이야기를 듣고 난 여인은,
"그렇다면 당장에 가서 돌려주어야겠는데, 뭐라고 말해야
죠?"
하고 나에게 상의했다.
그래서 나는 이렇게 말해 주었다.
"그 반지는 백화점 것인지 여점원 것인지 모르지만, 만일
왜 돌려 주냐고 묻거든,
『나는 유태인이기 때문』이라고 대답하시오.
당신의 어린 아들을 꼭 데리고 가시오. 당신의 아들은 자기
의 어머니가 정직한 사람인 것을 일생동안 잊지 못할 것입니
다."

## 벌금과 규칙

어느 유태인 회사에서 유태인 사원을 고용하고 있었다. 그런데 그 사원이 회사의 돈을 가지고 도망쳤다. 유태인 사장은, 화가 나서 경찰에 신고하려 했다. 그런데 그 회사의 간부가 나를 찾아와 어떻게 하면 좋겠느냐고 상담했다.

그래서 나는 그에게,

"우선 그가 정말로 돈을 가지고 도망친 것인지 아닌지를 확인 할 것이오. 그러나 만일 그가 돈을 가지고 도망했다 할지라도, 그를 경찰에 신고한다면, 그는 틀림없이 감옥살이를 하게 될 것이오. 이것은 유태인의 방법이 아니오."

라고 말했다.

왜냐하면 만일 그 사원이 감옥으로 끌려간다면, 그 회사에서 잃어버린 돈을 찾을 길이 없기 때문이다. 유태의 법률에서는 어떤 사람이 돈을 훔쳤을 때에는, 그 사람을 감옥으로 보내지 말고 돈을 찾도록 되어 있다.

그래서 나는 그 간부에게, 그 사원을 찾아내어 감옥으로 보내지 말고 우선 그 돈을 돌려받고, 벌금을 물도록 해야 한다고 말했다.

돈을 가지고 도망친 사원을 찾아내어 그런 얘기를 했더니 자기에게는 돈이 하나도 없다는 것이었다. 그래도 감옥에 들어가기보다는 부지런히 일해서 나누어 갚는 편을 택하겠다는 것이다. 그래서 그는 경찰에 끌려가지 않고, 내 방에서 재판을 받았다. 내가 재판장이 되어, 그는 가져간 돈을 일하여서 갚는 동시에 벌금을 나에게 지불하기로 하고, 그 벌금은 자선 기금으로 하기로 했다.

유태인들의 사회에서는 설사 A 라는 사람이 백만 원을 훔쳐, 랍비의 재판에 회부되어 벌금을 가산해서 백십만 원을 변제하라는 판결을 받았을지라도, 그 사람이 그 백십만 원을 다 갚은 뒤에는, 그는 전과가 전혀 없는 결백한 사람과 같아진다. 만일 그런 뒤에 도난을 당했던 사람이,

"저놈은 돈을 훔쳤던 놈이다."

와 같은 말을 한다면, 욕을 한 쪽이 나쁜 사람이 된다.

이런 경우 벌금은 대체로 20% 이상이지만, 거기에는 엄밀한 규칙이 있어, 우선 어떤 물건을 훔쳤느냐에 따라 그 비율이 다르고, 그 물건을 이용해서 돈벌이를 했느냐, 훔친 것이 밤이냐, 낮이냐, 아침이냐, 하는 여러 가지 조건에 따라 각각 그 비율이 다르다.

탈무드에는 말을 훔쳤을 때의 벌금의 비율은 몹시 높다. 그것은 말을 훔친 사람은 그 말을 이용하여 돈벌이를 할 수 있고 또 도둑맞은 사람은 그로 인하여 많은 손해를 보기 때문이다.

그것은 오늘날의 트럭에 해당된다 할 수 있지만, 이 경우에

는 4대 가량의 벌금을 물어야 한다. 일반적으로 당나귀의 경우는 말의 경우보다 벌금이 싸다. 그것은 말이 더 온순하여 훔치기가 용이하기 때문이다.

그러나 도둑질한 사람의 입장도 많이 참작된다. 만일 훔친 사람이 굶주릴 정도로 생활고에 시달리는 경우라면, 벌금은 20% 정도로 매겨진다.

고대 이스라엘에서는 훔친 돈이나 벌금을 지불하지 못하거나 이자를 지불하지 못하거나 하면, 돈 대신 노동으로 지불해야 했다. 그래도 안 되는 최악의 경우에는 범인을 감옥에 집어 넣지만, 근본적으로는 문제가 해결되지 않는다는 것이 유태인의 사고방식이다.


## 아이와 어머니

한 유태인 여인이 심한 난산으로 위독한 상태에 빠져, 나는 그 남편에게 불려 한밤중에 병원에 도착했다.

산모는 심한 출혈로 고통을 겪고 있었다. 그 아이는 초산이었다. 의사가 와서 산모의 생명은 구하기가 어렵다고 했다.

그래서 나는 아이의 상태를 물어 보았다. 의사는 그것은 장

담할 수 없다는 것이었다. 그러다가 결국 최후에는 아기를 구하느냐 산모를 구하느냐 하는 것이 몹시 문제가 되었다.

그들 부부는 이 첫 아기를 몹시 기대하고 있던 터였다. 산모는 자기는 죽더라도 아기를 구해 달라고 애원했다. 여러 가지로 상의한 끝에, 결국 그 결정은 나에게 맡겨지게 되었다.

나는 우선 그 부부에게, 내가 결정을 내리는 것은 나 개인의 의사가 아니라 탈무드와 유태인의 전통에 의해서 결정하는 것이니, 내 결정에 꼭 따르겠느냐고 다짐했다. 그러자 부부는 그것이 유태민족의 판단이라면 내 결정에 따르겠노라고 말했다.

그래서 그는 어머니의 목숨을 구하고, 아기를 희생시키기로 결정했다. 산모는 그것은 살인행위라고 말했다. 그러나 유태의 전통에 따르면, 아이는 태어나기 전까지는 생명이 없다고 생각하고 있다. 태아는 어머니의 한 부분에 불과한 것이다. 인간의 목숨을 구하기 위해서는 신체의 한 부분, 예를 들어 한쪽 팔을 잘라낼 수도 있는 것이다. 유태의 전통에서는 이런 경우에는 반드시 어머니를 구하는 것으로 되어 있다.

그때 마침 가톨릭의 신부가 그 자리에 있었는데, 그는 어머니를 희생시키고 아이를 살려야 한다고 말했다. 기독교에서는 임신했을 때 이미 새 생명이 생겨난 것으로 생각하기 때문에 기독교의 사고방식에 따른다면 어머니는 이미 세례를 받았으므로 생명의 구원을 받지 못하고 있다는 것이다. 유태인의 결정은 도무지 알 수가 없다는 것이다.

그들 부부는 내 결정에 순종하여 어머니의 목숨을 구했다. 그리고 그 뒤에 얼마 지나지 않아 두 번째의 귀여운 아이가 태어났다.


## 불공평한 거래

한 상인이 나를 찾아왔다. 이웃 가게에서 물건을 지나치게 싸게 팔아 자기의 손님을 빼앗아 가고 있다는 호소였다.

탈무드는 부당한 경쟁에 대해서 많이 말하고 있다. 나는 탈무드에 그런 기록이 있다는 사실을 모르고 있었다. 그래서 일주일의 여유를 얻어 탈무드를 연구한 뒤에 판결해 주기로 했다. 탈무드는 이렇게 가르치고 있다.

한 가게는 옆에 같은 상품을 파는 가게를 차려서는 안 된다. 그러나 두 가게가 있는데, 한 가게에서 애들에게 경품 판매를 한다고 하자. 옥수수튀김 같은 하잘 것 없는 보너스 품목이지만 아이들이 그것을 받고자 자기의 어머니를 끌고 그

쪽 가게에만 간다고 하자. 그에 대한 찬반의 여러 논쟁이 있다.

값을 내여 경쟁하는 것은 손님의 이익을 위해 좋다는 랍비가 있다. 또 다른 랍비는 손님을 유혹하려고 경쟁으로 값을 내리거나 보너스를 주는 것은 부당하다고 말한다.

그러나 대다수의 랍비 의견은

"그것은 불공정한 것이 아니다. 사는 손님이 이득을 얻으면 좋은 일이다."

라고 결정이 되었다.

다음날 찾아온 그 상인에게 말했다.

"물건을 훔치는 행위는 금지되어 있습니다.

그러나 물건 값은 사정에 따라 싸게 파는 것은 정당합니다."

자유 경쟁의 원칙에 따라 소비자가 이득을 보는 것은 바람직한 일이라고 생각한다. 내 아내는 언제나 물가가 너무 비싸다고 불만이다.


## 위기를 벗어난 부부

결혼생활 10년이 된 부부가 있었다. 금슬 좋은 부부여서 보기에 행복해 보였다. 그런데 갑자기 그 남편이 내게 와서 이혼허가서를 해달라는 것이다. 나는 오래 전부터 이들 부부를 잘 알기 때문에 이런 파경이 있으리라고는 생각지 않았었다.

이야기를 들어보니 이혼은 그들의 의사가 아니라 가족들의 강요에 의해서였음을 알게 되었다. 유태 전통에는 결혼 10년이 되어도 아이가 없으면 이혼할 권리가 있다고 되어 있다.

그들 부부는 이혼의 의사가 전혀 없었다. 그러나 가족의 압력이 너무 커서 어찌할 바를 몰라 나를 찾아온 것이다.

그는 사랑하는 아내와 헤어지더라도 아내가 굴욕감을 느끼지 않게 하고 싶었다.

그래서 나는 탈무드의 가르침을 사용했다. 나는 그에게 아내를 위해서 성대한 파티를 열고 그 파티석상에서 함께 살아온 아내가 얼마나 훌륭했는가를 여러 사람들에게 자랑하라고 권했다. 이 충고를 그 남편은 즐거워했다. 왜냐하면 서로가 싫어서 헤어지는 것이 아니라는 사실을 꼭 밝혀두고 싶다는 생각을 하고 있었던 것이다.

나는 하나님의 해결책을 생각해 보았다.

그 남편이 헤어지면서 선물을 하고 싶다고 하기에 무엇을 줄 생각이냐고 물으니 아내가 오래도록 소중하게 간직하고 있을 것을 주겠다고 했다. 그래서 나는 이렇게 제안했다.

파티가 끝난 다음 아내에게 이렇게 물어보라고 했다.

"당신이 내가 가지고 있는 것 중에서 가장 가지고 싶은 것

하나만을 골라 보시오.

　그것이 어떤 것이든 주겠소."

라고 하라고 했다.

나는 그의 아내에게도 살짝 귀띔을 해 주었다.

파티가 끝난 뒤에 그 남편은 그 아내에게 무엇이든지 원하는 것 하나만을 주겠다고 했다.

다음날 아침 내가 입회하는 자리에서 그 아내가 가지고 싶은 것을 말하기로 했다. 그 자리에서 아내는 자기가 가장 가지고 싶은 것은 남편이라고 했다. 그리하여 이혼은 취소되고 더 행복하게 살았다. 그리고 훗날 그 부부는 아기 둘을 낳아 행복하게 살았다.


## 오백만원과 이백만원

한 번은 남자가 숨을 가쁘게 쉬며 나에게 왔다. 이야기는 이렇다.

두 사람은 친구였다. 한 사람이 급히 돈이 필요하다고 해서 많은 돈을 빌려주었다. 갚을 날짜가 돼서 빌려준 친구는 5백만원을 주었다고 하고 갚을 친구는 2백만원을 빌렸다고 서로

우기게 되었다.

나는 어느 사람이 거짓말을 하고 있는지를 가려내야만 했다.

그래서 각기 따로 만나서 이야기를 들은 다음 두 사람을 같이 앉게 하고 셋이서 이야기를 나누었다. 두 사람에게 내일 아침에 다시 오면 판결해 주겠다고 했다.

두 사람이 돌아간 뒤에 서재의 책을 뒤져 보았다. 5백만원을 빌려 주었다는 사람과 2백만원 만 빌렸다는 사람의 심리를 연구해 보려는 생각에서였다.

유태사회에서는 친구끼리의 차용관계는 증서를 쓰지 않는 것이 관례였다.

2백만원 밖에 빌리지 않았다고 주장하는 사람은 전혀 빌리지 않았다고 주장하더라도 마찬가지 아닌가 생각되었다. 또한 6백만원을 빌려주지 않고서 5백만원을 주었다고 주장하는 사람도 역시 수긍할 수 없는 점이 있다.

탈무드에는 이런 가르침이 있다.

거짓말쟁이가 거짓말을 할 때에는 철저하게 거짓말을 한다. 어떤 사람이 자기에게 불리한 것을 조금이라도 말하고 있다면 그가 말하고 있는 것은 어느 정도 신빙성이 있다고 보아야 한다. 그에게는 아직도 어느 정도의 정직함이 있는 것이다. 두 사람이 마주 대하면 거짓말의 정도가 조금은 약화된다.

그래서 나는 혹시 5백만원을 빌릴 때는 틀림없이 기일 내에 갚을 수 있다고 생각하고 빌렸지만, 막상 기일이 되자 2백만원 밖에 없다면, 2백만원 밖에 빌리지 않았다고 주장을 할 수도 있다는 생각이 들었다. 그러나 또 5백만원을 빌려주었다고 주장하는 쪽도, 혹시 잘못 알고 5백만원을 빌려주었다고 주장하고 있는지도 모른다는 생각도 들었다.

그래서 나는 우선 2백만원 밖에 빌리지 않았다고 주장하는 사나이를 불러 정말로 2백만원 밖에 빌리지 않았느냐고 다짐하자, 그는 역시 2백만원 밖에 빌리지 않았다고 말했다.

나는 다시 그에게,

"당신에게 빌려준 사람은 큰 부자로 그렇게 돈이 필요하지는 않을 것이다. 그러나 만일 다른 어떤 유태인이 이스라엘로 들어간다든가, 어떤 이유로 갑자기 돈이 필요해서 돈을 그에게 빌리러 갔을 때, 그는 당신이 제대로 갚지 않았다면, 그 제삼자에게 절대로 돈을 빌려주지 않을 것이다. 유태인의 사회에서는 돈은 항상 돌고 돌지 않으면 안 된다. 그래도 2백만원 밖에 빌리지 않았는가?"

고 말하자, 그는 역시 그렇다고 말하는 것이었다.

그래서 나는,

"그러면 예배당에 가서 성서에 손을 얹고 2백만원 밖에 빌리지 않았다고 서약할 수 있느냐?"

고 물었더니 그는 갑자기,

"잘못했다. 나는 확실히 5백만원을 빌렸다."

고 자백하는 것이었다.

이것은 유태인이 아닌 다른 사람들로서는 상상이 가지 않을지 모르지만, 유태인들에게는 예배당에서 성서에 손을 얹고 서약 한다는 것은 여간 중요한 일이 아니다. 성서에 손을 얹고서도 거짓말을 할 수 있는 사람은 상습적인 범죄자 이외에는 없다.

그 대신 성서는 몹시 소중한 것이기 때문에, 여간 중대한 일이 아니고서는 사용하지 않는다. 그러나 일단 성서에 손을 얹으면 99.8%의 사람들은 절대로 거짓말을 하지 않는다. 그만큼 서약은 중대한 것으로, 사람들은 몹시 두려워하고 있다. 미국이나 유럽 여러 나라의 기독교 법정에서 손을 들어 서약하는 풍습도 여기에서 나온 것이다.


## 오직 하나의 길

한 유태인 사나이가 도쿄에 있는 유태인 회사에 근무하고 있었다. 그런데 그 회사로부터 부당한 대우를 받아왔다고 생

각하고, 그 회사 사장에게 불평을 말할 권리가 있다고 생각했다. 그래서 그는 그 회사 사장에게,

"나는 이제까지 부당한 대우를 받아왔다.

회사를 위해서 뼈가 빠지도록 일해 왔다. 그러니 퇴직금이나 받고 그만두겠다." 고 말했다.

그러자 그 회사의 사장은 사장대로,

"당신은 지금까지 너무 일에 꾀를 부렸기 때문에, 그러지 않아도 파면시키려고 하던 참인데, 퇴직금은 무슨 퇴직금이냐? " 고 맞섰다.

그러던 어느 날 그 사나이가 회사 금고에서 돈을 꺼내고, 회사의 서류까지 훔쳐 가지고 자취를 감추었다. 어디로 도망쳤는지도 알 수가 없었다.

그런데 그로부터 1개월쯤 뒤에, 그가 외국의 어떤 도시의 거리를 걸어가다가 어떤 사람에게 발각되었다. 그래서 그 회사의 사장이 비행기 표를 가지고 나를 찾아와서,

"그가 있는 곳으로 가서, 그에게 말을 좀 해 주시오."

하고 부탁했다.

그가 가 있는 곳은 멀리 떨어진 곳이었지만, 나는 비행기를 타고 그를 찾아 갔다.

나는 그곳에 도착하여 이틀 동안을 찾아 헤맨 끝에, 겨우 그를 찾았다.

그는 나를 보자 깜짝 놀랐다. 돈을 훔쳐 가지고 도망쳤을 뿐 아니라, 비록 결정적으로 중요한 것은 아니지만 그 회사의 소중한 서류까지 가지고 왔던 것이다.

나는 그와 사흘 동안을 얘기했다. 내가 왜 거기까지 갔는가를 설명했다. 나는 여러 가지 사소한 것들을 제쳐두고, 문제의 본질이 무엇인지를 생각했다.

사실 나는 사소한 문제에는 관심이 없었다. 그것은 법률이 처리해 줄 수 있는 문제다. 나는 두 사람의 유태인에 관한 일을 상대하고 있는 것이다. 유태인끼리 서로 다투고 충돌하는 것은 용납할 수 없는 일이다.

나는 탈무드를 인용하여 그에게 이렇게 말했다.

"유태인은 모두가 서로 한 가족이고 형제요. 우리는 외국인들과 접촉하고 있기 때문에 유태인간의 일은 화평함 속에서 해결해야 하오.

그는 자기의 변명이 정당하다는 것을 증명하려고,

'자기가 하는 일은 자기의 자유'

라고 말했다.

그래서 나는,

"어쩌면 당신이 정당한 것인지도 모르오.

나로서는 잘 알 수는 없지만,

당신의 변명이 더 옳을지도 모르오. 하지만 자기 멋대로 하는 일은 용납되지 못하오."

라고 말하고,

그에게 탈무드에 나오는 이야기를 들려주었다.


많은 사람들이 같은 배를 타고 항해하고 있었다. 그런데 한 사나이가 자기가 앉아 있는 바닥에 끌로 구멍을 뚫고 있었다.

사람들이 깜짝 놀라서 아우성을 치자, 그는

"여기는 내 자리니까 내 마음대로 어떤 짓을 하든 괜찮다."

고 태연하게 말했다.

이윽고 모든 사람들이 물에 가라앉고 말았다.


한 유태인이 회사의 돈과 서류를 가지고 도망쳤다.

주위의 다른 사람들이 뭐라고 말하겠는가? 과연 유태인들은 훌륭한 민족이라고 말하겠는가? 이것은 곧 유태인 전체의 오점이 될 것이다,

그는 드디어 내 말을 납득하고,

"랍비님이 옳다고 결정해 주시는 대로 따르겠습니다."

하고 말했다. 그리고 그는 자기가 가져온 돈과 서류를 나에게 맡겼다.

나는 도쿄로 돌아와, 그 회사의 사장을 만나 최종적인 해결을 결정하게 되었다. 물론 그 사장의 주장이 옳다면, 내가 맡

아 가지고 있는 돈과 서류를 그에게 반환해 주려고 생각하고 있었다.

그러나 그와 여러 가지로 얘기한 끝에, 그 사나이가 당초에 바라고 있던 정도에는 미치지 않지만 어느 정도의 퇴직금도 나오게 되어, 이 일은 원만한 해결을 보았다.


## 개와 이리

J.C.C (유태 커뮤니티 센터)는 유태인의 공동체 치고는 희귀한 사회를 구성하고 있다. 그것은 순수한 유태인들의 사회가 아니기 때문이다. 러시아계, 영국계, 불란서계, 이스라엘, 미국계 등 여러 계통의 유태인이 모여서 작은 그룹들을 형성하고 있기 때문이다.

따라서 유태인의 계율을 엄격하게 지키는 사람, 그렇지 못한 사람, 그리고 자선을 잘하는 사람, 그렇지 못한 사람 등 여러 종류의 사람들이 각기 출신 국민성을 반영하고 있어서 어떤 일치감이 없는 사회가 되어 있었다. 이런 사회 속에서는 작은 그룹들 간에 긴장감이 있어서 언제 서로 반목 할지 모르는 위험이 앞에 놓여 있다.

한데 그 공동체에서 마침내 두 그룹이 반목해서 분열의 위기에 놓이게 되었다. 나는 이 두 그룹들에게 이런 탈무드의 말을 해주었다.

한 개의 갈대는 부러지기 쉬우나 갈대의 묶음은 부러뜨리기 어렵다. 개들은 자기들끼리만 있으면 서로 으르렁 대며 싸우지만 이리가 나타나면 서로 싸움을 그치고 이리를 함께 상대한다.

유태인은 지금도 안전한 것은 아니다.

아랍인, 러시아인, 반 유태주의자들 등 반 유태인에게 둘러싸여 있으므로 서로 싸우는 것을 피하는 것이 좋다.

이런 기본적인 양해 아래 지금은 별 큰 반목 없이 생활하고 있다.

## 부부싸움

외국에 주둔하고 있는 미국군대에 종군 랍비가 있다. 그들은 대개가 학교를 갓 나온 젊은이들이다. 그래서 그들은 종종 장로와 같은 처지의 나에게 문제를 안고 의논하려고 찾아오고는 한다.

어느 날 젊은 랍비가 나를 방문해 왔을 때 마침 부부싸움으로 문제를 안고 찾아온 내외가 있었다. 그래서 부부에게 또 한 사람의 랍비와 같이 동석해서 이야기를 나누어도 좋으냐고 물어서 양해를 얻은 뒤에 그 부부의 이야기를 젊은 랍비와 함께 듣기로 했다.

본래 부부간의 문제를 해결할 때에는 두 사람의 이야기를 동석해서 하도록 하면 싸움만 더 시키게 하는 결과가 되므로 한 사람씩 따로 만나 이야기하도록 해야 한다.

한 사람씩 들어보면 서로를 끔찍하게 위하고 있다는 것을 발견하게 된다. 그래서 인내심으로, 그리고 동정을 가지고 들어 주기만 해도 그들의 문제는 해결되는 경우가 많다.

그래서 나는 먼저 남편의 이야기를 들어주면서 모두 수긍하고 인정해 주었다. 다음 아내에도 마찬가지로 모두 수긍해 주고 인정해 주었다.

두 사람이 다 간 뒤에 나는 젊은 랍비에게 물었다.

"당신은 이 이야기를 듣고 어떤 판결을 내리겠소?"

하고 물었다.

그러자 그 젊은 랍비는 이렇게 물었다.

"랍비님의 판결을 도저히 납득할 수 없습니다.

선생님은 남편의 이야기나 그 부인의 이야기를 모두 옳다고 수긍해 주시니 그 두 사람은 각기 다른 주장을 하면서 자기가 옳다고 하는데 선생님은 두 사람의 이야기를 다 옳다고 수긍해 주시는 것은 왜 입니까?"

그래서 나는

"당신의 말도 옳습니다."

라고 말했다.

이 판결방법을 보시고 여러분은 나를 주관이 없는 사람이라고 생각할지 모른다.

나는 이렇게 생각한다. 사람들이 가지각색의 문제를 안고 찾아왔을 때 거기서 옳고 그릇됨을 판결해서는 안 된다.

그렇게 하면 오히려 둘의 마찰을 부채질하는 결과가 된다. 이때 가장 중요한 것은 두 사람의 흥분을 가라앉혀 주는 일이다.

그래서 쌍방의 의견을 인정해 줌으로써 냉정을 되찾고 화해하게 된다.

그렇기 때문에 이런 종류의 문제는 우선 어떤 의견이라도 상대방의 주장을 시인해 줄 필요가 있다.

## 진실과 거짓

　나를 찾아오는 사람이 많다. 그들은 대부분 어려운 문제를 해결하고 판단해 달라고 찾아오는 사람들이다. 그들이 가지고 오는 문제는 100만 가지도 넘는다. 그러나 하나도 같은 문제는 없다. 그렇지만 공통점은 그들 중 누군가 거짓말을 하던가 아니면 거짓말하고 있는지 조차도 모르면서 말하고 있다는 점이다.

　거짓과 진실을 가려내는 일은 어렵다.

　탈무드는 이 두 가지를 가려내는 방법을 가르치고 있다. 솔로몬왕은 매우 현명한 왕으로 알려져 있다.

　어느 날 두 여인이 한 아이를 데리고 와서 서로 자기 아이라고 주장하면서 솔로몬 왕에게 판결해 달라고 찾아왔다. 여러모로 조사해 보았으나 어느 쪽이 아이의 참 어머니인가를 찾아낼 수가 없었다.

　원래 유태인의 관례에 따르면 소유물이 누구의 것인가를 판결하기 힘들 때 공평하게 나누어 가졌다. 그래서 솔로몬왕은 그 아이를 칼로 잘라 둘로 나누라고 명령했다.

　그러자 한 여인이 미친 듯이 외치며 그렇게 하시려면 그 아이를 저 여자에게 넘겨주시고 칼로 나누는 것은 말아 주십시오. 라고 애원했다.

그 모습을 본 솔로몬왕은

"당신이 바로 이 아이의 참 어머니요."

하고 어린아이를 울던 어머니에게 넘겨주었다.


어떤 부부에게 아들이 둘이 있었다.

그런데 그 아들 중 하나는 자기의 자식이 아니라 아내의 불륜으로 나온 자식이었다. 그 이야기를 언젠가 자기 아내가 다른 사람에 하는 것을 엿듣고 알게 되었다. 그런데 그 불륜의 자식이 어느 아들인지를 찾아낼 수 가 없었다.

그것 때문에 병이 들었다. 곧 죽게 되리라고 짐작하고 자기의 핏줄에게만 전 재산을 물려준다는 유서를 썼다. 곧 그는 죽었고 죽은 뒤에 그 유서는 랍비의 손에 넘어 왔다.

랍비는 그 남자의 핏줄을 찾아내야만 되었다. 그래서 랍비는 두 아들을 그 아버지의 무덤에 데리고 가서 그 무덤을 몽둥이로 힘껏 내리치라고 했다.

그러자 한 아들이 울면서 자기는 무덤을 칠 수 없다고 했다. 랍비는 바로 그의 핏줄이라고 판결해 주었다.

## 새로운 약

내 친구 한 사람이 중병에 걸려, 어떤 새로운 약을 복용하지 않으면 낫지 않는다는 사태에까지 이르렀다. 그런데 그 약은 여간해서는 구하기가 어려웠다.

그래서 그의 가족이 나를 찾아와서,

"당신은 교수나 훌륭한 의사들을 많이 알고 있을 것이니,

어떻게 하든 그 약을 좀 구해 달라." 고 부탁했다.

나는 의사 몇 사람에게 부탁해서,

친구를 좀 살려줄 수 없느냐고 말했다.

그러자 의사는 이렇게 말했다.

"만일 그 약을 당신 친구에게 준다면,

그와 동시에 다른 사람이 약을 얻지 못하게 됩니다.

그래서 그는 죽을지도 모릅니다.

그래도 약을 나에게 부탁하겠습니까?"

그래서 나는 좀 생각할 여유를 달라고 말했다.

그리고 탈무드를 펼쳐 보았다.

만약 어떤 사람을 죽인다면 내가 살 수 있고, 그 사람을 죽이지 않는다면 자기가 죽게 될 경우 어떻게 하나? 자기의 목숨을 구하기 위해서 다른 사람을 죽여서는 안 된다. 어찌 자

기의 피가 상대방의 피보다 더 붉다고 할 수 있겠는가? 한 인간의 피가 다른 인간의 피보다 더 붉다고 할 수는 없다.

이것을 내 경우에 맞추어 보면, 내 친구의 피가, 그 약을 빼앗으면 죽을지도 모르는 어떤 사람의 피보다 더 붉다고는 말할 수 없는 것이다.

그래서 나는 이것을 친구의 가족들에게 어떻게 설명해 주어야 할까 하고 고민했다. 내 교구에 사는 사람의 목숨이 위독해서 그 가족이 나를 찾아와 구원을 청했는데도,

탈무드에 따라,

나는 내 친구가 죽어가는 것을 보고만 있어야 하는 것이다.

그러나 나는 그 약을 얻지 않기로 했다.

그 결과 내 친구는 죽었다.


## 세 경영자

두 사람의 동업자가 있었다. 그들은 처음 맨주먹으로 시작하여 작은 임대 빌딩을 만들고, 지금은 자타가 공인하는 성공한 사업가가 되었다. 두 사람은 모두 경험은 별로 없었지만 몹시 근면하고 성실했기 때문에, 사업은 계속 발전하여 큰 성

공을 거두었다.

어느 날 갑자기 그들이 자기들이 굉장히 성공했다는 사실을 세삼 깨달았다. 그러나 두 사람 사이에는 아무런 증서도 없었기 때문에, 그들이 건강한 동안은 괜찮지만 자식들 대에 가서 문제가 일어나지 않도록 계약서를 작성해 놓기로 했다.

그러나 일단 계약이 끝나자,

두 사람은 사사건건 의견이 충돌하게 되었다.

하기는 처음 계약서를 작성할 때부터 의견충돌이 일어났던 것이다.

"너는 공장의 책임자고 나는 본사의 책임자다." 와 같은 사소한 일까지 규정하려 했기 때문에, 서로 상대방이 유리한 조건을 차지하려 하고 있다고 생각했던 것이다.

사업을 시작하여 성공하기까지 두 사람 사이에는 전혀 아무 문제도 없었으므로, 그들은 함께 나를 찾아와 상의했다.

이것은 어느 쪽이 옳고 어느 쪽이 잘못이라는 그런 문제가 아니었기 때문에, 나로써도 간단히 그 결론을 내릴 수가 없었다.

한사람은 생산을 맡고 또 한사람은 영업을 맡고 있었기 때문에

"내가 상품을 잘 만들어냈기 때문에 회사가 성공했다."

"내가 잘 팔았기 때문에 사업이 성공했다."

고 서로 다투는 것이었다.

나는 자신은 없었지만 이렇게 답했다.

"당신들이 다투기 시작하기 전까지는 사업이 아주 잘 되어 갔소.

그런데 두 사람의 의견충돌로 해서 회사를 망하게 한다는 것은 정말 바보 같은 짓이오. 그러나 이 상태로는 도저히 사업이 원만하게 운영되지 못할 것이오. 어떤 타개책을 강구해야 할 것이오."

그리고서 나는 탈무드를 펼친 다음,

다음과 같은 간단한 말을 찾아내었다.


어린아이가 태어났을 때 그 아이는 아버지와 어머니와 하나님에게서 생명을 받은 것이다.

그러나 성장함에 따라 그에게 생명을 주는 사람이 하나 더 늘어난다.

그것은 그를 가르치는 선생이다.

내가 그들 두 사람에게,

"당신네 회사의 경영자는 누구인가?" 하고 묻자,

그들은 자기들 두 사람이라고 대답했다.

그래서 나는 이렇게 말했다.

"그렇다면 하나님도 그 경영진에 참여시키면 어떨까요?

하나님은 온 우주의 모든 일에 참가하고 계시오. 서로 자기가 잘했다고 주장하지만 말고, 온 우주의 모든 일을 맡고 계신 하나님을 당신네 경영진에 참가시키는 것이 좋을 것 같소."

그때까지는 두 사람이 대표자여서, 그 회사에는 사장이 없었다. 그런데 서로 사장이 되려 하고 있었다.

그래서 나는 이렇게 충고해 주었다.

"이 회사는 물론 당신네 회사이지만 동시에 하나님의 회사이기도 하오. 당신들은 유태인들을 위해서 일하고 있고, 이 나라를 위해서 일하고 있는 것이오. 그러므로 이 회사가 당신네 것이라는 의식을 너무 강하게 갖지 말고, 하나의 큰 의무를 수행하고 있는 것이라고 생각하도록 한다면, 누가 사장노릇을 하느냐 하는 것이 사소한 문제란 것을 깨닫게 될 것이오. 그러면 공장을 담당한 사람은 열심히 공장을 운영하고, 사무를 담당한 사람은 열심히 사무를 운영하고, 영업을 담당한 사람은 열심히 상품을 팔게 될 것이오."

이로부터 이 회사는 아주 원만하게 운영되어 갔다. 이익금의 몇%를 자선으로 내놓기로 결정하고, 그것을 하나의 목표로 삼았기 때문에, 사장을 따로 정하지 않고서도 이익금은 점점 늘어났다.

## 보트의 구멍

기업체에서 종업원을 해고시키는 일이 왕왕 있다. 그런데 이것처럼 좋지 않은 일도 드물다. 그래서 이것이 큰 사회적인 문제로까지 발전하기도 한다.

일본에 있는 어느 유태인 회사에서 많은 유태인을 고용하고 있었다. 이런 경우 그 유태인 종업원을 해고시키기는 몹시 어렵다. 처자를 거느리고 살아가야 한다는 조건은 이곳 사람들과 마찬가지지만, 특히 유태인의 경우에는 한번 직장을 잃으면 여간해서 새로운 직업을 구하기가 힘들기 때문이다.

유태인으로써 일본에 와서 살기는 몹시 어렵다. 유태인의 일자리는 아주 적고, 또 다른 나라로 떠나거나 이스라엘로 돌아가려 해도 돈이 필요하다. 그러므로 어떤 이유가 있는 유태인의 종업원을 해고시킨다는 것은 여간 어려운 일이 아니다.

그래서 나는 항상 유태인 종업원들이 해고당하는 일이 없도록 노력하고 있다. 그것은 만일 그 사나이가 직장을 잃으면 그는 가족들로부터 존경을 받지 못하고, 그들의 생활이 비참해질 뿐 아니라, 그러한 경우에는 유태인 사회에서 그들을 부양해야 하므로, 유태인 모두의 부담이 커지기 때문이다. 그러나 유태인들은 원래 동정심이 강하기 때문에, 실제로 종업원을 해고시키는 일은 극히 드물다.

그런데 그 극히 드문 일이 어느 날 생겼다. 한 고용주가 상의를 하기위해 나를 찾아와 이렇게 말했다.

"나는 지금 종업원 하나를 해고시키려고 하고 있습니다. 그는 지금 해고시키지 않더라도 어차피 언젠가는 해고돼야 할 것입니다. 그대로 남아 있어도 아무것도 못하는 바보 놈이기 때문에 다른 직장에 가더라도 마찬가지일 것입니다. 사정은 그러하지만, 그러나 나는 그를 해고시키고 싶은 생각은 없습니다. 랍비님, 어떻게 내 자신에 대하여 그를 해고시키지 않아도 될 수 있는 구실은 없을까요?"

그래서 나는 탈무드에서 다음과 같은 이야기를 인용해서 들려주었다.

어떤 사내가 작은 보트를 하나 가지고 있었다. 해마다 그는 가족을 데리고 그 보트로 여름을 즐겼다.

어느 해 여름을 즐기고 나서 배를 보관해 두려고 옮기다가 배에 작은 구멍이 나 있는 것을 발견했다. 다음 해 봄에 쓸 때 수리 할 생각으로 우선 페인트칠만 해서 두었다.

이듬해 유난히도 일찍 봄이 왔다. 그의 두 아들이 보트를 타겠다고 졸라서 구멍이 뚫려있다는 것은 까맣게 잊은 채 배를 타고 즐기라고 허락했다.

아이들에게 배를 타도 좋다고 허락한 뒤 몇 시간 후에 갑자기 그 배에 구멍이 나 있음을 기억하고 아이들이 위험에 빠져 있을 것이라는 생각으로 황급히 호수가로 뛰어갔다. 그 아이들은 수영에 익숙하지 못했던 것이다.

그런데 호수 가에 달려가 보니 마침 두 아들이 배를 끌고 돌아오고 있었다. 그는 안도의 숨을 쉬었다. 그리고 배 밑을 조사해 보았다. 한데 이미 그 구멍은 무엇인가로 막혀 있었다.

그는 페인트칠한 사람이 그 구멍을 막아준 것이라고 생각하고 선물을 사들고 그에게 인사하러 갔다.

그런데 페인트칠한 사람은

"저는 이미 페인트칠한 대금을 다 받았습니다.

왜 이런 선물을 주시는 겁니까?"

하고 묻는 것이다.

"배에 작은 구멍이 뚫려 있었는데, 당신이 고쳐 주었더군요. 봄에 배를 쓰기 전에 그 배 밑의 구멍을 고칠 생각이었는데 깜박 잊고 있었습니다. 내가 부탁하지도 않았는데, 그것을 고쳐 주었습니다.

잠깐 동안 고치신 구멍이지만 그것이 내 두 아들의 생명을 구한 것입니다."

하고 진심으로 고마워했다.


작은 일이라도 크게 도움을 줄 수 있다는 이야기다. 대부분의 사람들은 극히 작은 일이 크게 도움을 준다는 생각을 하지 않는다. 나는 그 고용주에게 이 이야기를 들려주고 한 번만 더 해고 하고 싶은 고용인에게 기회를 주어 보라고 말했다.


## 축복의 말

나는 중상을 입고 내출혈로 위독한 상태에 빠진 한 환자의 병실에 있었다. 주위는 고약한 악취로 가득하고 환자는 의식을 잃고 있었고 의사는 그 환자의 회복을 위해 진땀을 빼고 있었다.

그 환자에게 대량의 수혈을 하고 있었다. 수혈이 중단되면 생명을 잃을 입장이어서 의사는 거의 절망적인 표정이었다. 그런 중에 의사는 나에게 이런 말을 물었다.

"랍비님 지금 무엇을 생각하고 계십니까?"

의사의 물음에 나는,

"죽음에 대해서 생각하고 있는 것은 아닙니다.

아주 가느다란 혈관에서 빨간 피를 흘려버림으로써 사람의 생명이 좌우되고 있구나 하는 생각을 하고 있습니다." 고 대답했다.

수혈이 멈추고 환자는 죽었다. 지쳐있는 의사를 위해 나는 탈무드의 이야기를 들려주었다.


유태인은 왕을 만날 때에나 식사할 때 그리고 떠오르는 해를 볼 때 그 밖의 어떤 경우라도 축복의 말을 한다.

심지어 변소에 갈 때에도 축복의 말을 한다.

이 이야기 후에 의사는

"변소에 갈 때 랍비님은 무슨 말을 하십니까?"

하고 물었다.

"몸은 뼈와 살 등 여러 부분으로 나누어져 있다.

몸은 몸 안에서 닫혀야 할 것은 닫혀있어야 하고, 열려 있어야 할 것은 열려 있어야 한다. 그것이 반대로 되면 큰 일이므로 변소에 갈 때마다 열려야 할 것은 열어 주시고, 닫혀야 할 것은 닫아 주소서. 라고 빌고 있습니다."

라고 말했다.

이 말을 들은 의사는,

"그 기도는 꼭 해부학에 권위 있는 사람의 기도 같다."

고 말했다.

## 위생학

탈무드에 의하면 유태인은 철저한 위생관념이 있다고 한다. 그 예를 들어보자.

컵을 사용 할 때 쓰기 전에 씻고 쓴 후에 씻는다.
눈에 안약을 넣기 보다는 매일 아침, 저녁으로 눈을 씻는다.
의사가 없는 곳에는 살지 마라.
변소에 가고 싶을 때는 잠시도 참지 마라.


## 우는 이유

도쿄에 살고 있는 유태인으로 평판이 대단히 좋고 자선심이 강하고 예의바른 사나이가 있었다. 그러나 그는 유태인 사회에서는 전혀 활동하고 있지 않았다.

나는 어느 날 식당에서 그와 함께 식사를 하게 되었다.

그런데 유태인들 사이에서는 장사를 하고 있는 사람을 만나면

"요즘 사업이 잘 됩니까?"

하는 질문을 하고, 랍비를 만나면

"요새 재미있는 책을 읽으셨습니까?"

또는

"요즘 재미있는 생각을 하셨습니까?"

하는 식으로 질문하는 습관이 있다.

공부하는 것을 직업으로 삼고 있는 랍비는 언제나 어떤 얘기를 할 수 있도록, 항상 주머니 속에 여러 가지 이야기를 넣어 가지고 있는 것이다.

아니나 다를까, 그는 나를 보자 최근에 재미있는 책을 읽었느냐고 물었다. 그래서 나는

"최근 탈무드에서 몹시 재미있는 이야기를 발견했습니다.

당신도 탈무드를 공부할 때는 꼭 그 부분을 읽어 보십시오." 하고 말한 다음, 다음과 같은 얘기를 했다.


매우 훌륭한 랍비가 있었다. 그는 사람들로부터 존경받는 행실이 고결하고 친절하고 자애심이 두터운 분이었다. 주의력이 세심함과 동시에 친절하고 자애심이 두터운 분이었다. 주의력이 세심함과 동시에 하나님을 돈독히 공경했다. 한 마리의 개미도 밟지 않도록 조심해서 걸었고, 하나님이 만들어 놓은 물건을 깨뜨리지 않도록 신중하게 생활해 나갔다. 제자들도 물론 그를 대단히 존경하고 있었다.

80세가 지난 어느 날 그의 육체는 갑자기 쇠약해져 늙어버렸다. 물론 그도 그 사실을 깨닫고, 자기의 죽음이 가까워졌음을 알았다.

제자들이 그의 머리맡에 모이자 그는 울기 시작했다. 제자들은 깜짝 놀라 이렇게 물었다.

"선생님 왜 우십니까?

당신께서는 단 하루도 공부하시지 않은 날이 있었던가요? 제자들을 가르치시지 않은 날이 단 하루나 있었던가요? 자선을 베푸시지 않은 날이 단 하루라도 있었던가요?

당신께서는 이 나라에서 가장 존경 받으시는 훌륭한 분입니다. 하나님을 가장 깊이 공경하신 분도 바로 당신이십니다. 더구나 당신께서는 정치와 같은 더러운 세계에는 단 한 번도 발을 들여 놓으신 적이 없습니다.

당신께서 우실 이유는 아무것도 없을 것입니다."

그러자 랍비는 이렇게 말했다.

"그래서 나는 울고 있는 거라네.

나는 죽는 순간 내 자신에게

그대는 공부를 했는가?

그대는 하나님께 기도했는가?

그대는 자비를 베풀었는가?

그대는 옳은 행실을 했는가?

하고 묻는다면, 나는 이 전부에 대해서

그렇소. 하고 대답할 수 있네.

그러나

그대는 일반 인간생활에 참가했는가?

하고 묻는다면, 나는 아니오. 라고 대답할 수밖에 없네.

그래서 나는 울고 있다네."

나는 자기만의 사업에는 성공했지만 유태인의 사회에는 얼굴조차 내놓으려 하지 않는 이 유태인에게 이 탈무드의 얘기를 해 준 다음,

"당신도 이제부터는 유태인의 사회생활에 참가하는 것이 좋을 것이오."라고 권했다.


## 자선

자선행위로 어디에 기부금을 내놓으면, 사람들은 일반적으로 자기의 돈을 빼앗긴 것으로 생각하기 쉽지만, 실제로는 그렇지 않다. 사실은 다른 사람에게 돈을 주면, 적어도 그만큼의 돈은 되돌아오게 마련이다.

나는 누구에게

"당신이 자선을 위해서 돈을 쓰면 쓸수록 더 많은 돈이 당신에게로 되돌아온다."는 얘기를 할 때면,

다음과 같은 탈무드의 이야기를 인용한다.

어느 곳에 큰 농가가 있었다. 그 농가의 주인은 예루살렘 근처에서 가장 자선심이 두터운 농부로 알려져 있었다. 해마다 랍비들이 그의 집을 찾아가면, 그는 아까운 줄 모르고 자선을 베풀었다.

그는 큰 농장을 경영하고 있었는데, 어느 해에 폭풍으로 과수원이 전멸하고, 전염병이 돌아 그가 기르고 있던 양과 소와 말들이 전부 죽었다. 이것을 본 채권자들이 그에게로 몰려가 그의 재산을 모두 차압하고 말아 그에게는 작은 농토밖에 남지 않았다.

그러나 그는

"하나님이 주셨다가 하나님이 다시 거두어 가신 것이니 어쩔 수 없다." 고 말하면서 태연자약했다.

그 해에도 랍비들은 언제나처럼 그를 찾아갔다. 랍비들은 그는 그만큼 많은 재산을 가지고 있었는데 이처럼 몰락했다. 고 말 하면서 그를 동정했다. 그런데도 그 농장 주인의 아내는 남편에게 이렇게 말했다.

"우리는 이제까지 랍비들에게 학교를 세워주고, 예배당을

유지시켜 주고, 가난한 사람들과 노인들을 위해서 그만큼 기부금을 내왔는데, 금년에 아무것도 내놓지 못한다. 정말 서운한 일이에요."

그들 부부는 랍비들을 그대로 빈손으로 돌려보낼 수는 없다고 생각했다.

그래서 마지막 남은 얼마 안 되는 땅의 절반을 팔아 랍비들에게 헌금을 하고, 그 대신 나머지 절반의 땅을 가지고 좀 더 부지런히 일하며 그것을 채우겠다고 결심했다. 랍비들은 생각지 않았던 헌금을 받자 깜짝 놀랐다.

그리고서는 그들 부부는 나머지 반의 땅만을 농사지었다. 어느 날 쟁기로 밭을 가는데 소가 쓰러졌다. 흙투성이가 된 소를 끌어내자, 소의 발밑에서 보물이 나왔다. 그들은 그 보물을 팔아서 다시 옛날처럼 큰 농장을 경영할 수 있게 되었다.

다음 해에도 랍비들은 또 그를 찾아갔다. 랍비들은 그 농부가 아직도 가난한 생활을 계속하고 있으려니 생각하고, 그들의 오두막을 찾아갔던 것이다.

그런데 이웃 사람들이,

"그는 이제 여기에 살지 않습니다.

저쪽의 큰 집에서 살고 있습니다."

하고 말해서,

랍비들은 그 집으로 찾아갔다.

농장 주인은 지난 1년 동안에 자기들에게 일어났던 일을 설명하고, 자선을 아끼지 않고 베풀면, 그 복이 반드시 되돌아온다고 말했다.

나는 헌금을 거둘 때면 이 이야기를 수없이 되풀이 하고 있다. 그리고 언제나 성공하고 있다.


## 산 바다

유태인들은 온 세계의 민족들 중에서도 가장 자선을 중요시하는 민족이다.

그런데도 오늘날에는 자선행위를 하라고 권하지 않으면 자선을 베풀지 않는 유태인들도 생겨났다.

그런 때면 나는 다음과 같은 얘기를 했다.

이스라엘에는 요단강 근처에 두 개의 큰 호수가 있다.

하나는 『사해』요, 또 하나는 히브리어로 『산 바다』라는 호수다. 『사해』에는 밖에서 물이 들어오지만 아무데로도 나가지 않는다. 그런데 『산 바다』에는 한편에서 물이 들어오는 대신 한편으로 물이 나가고 있다.

자선을 베풀지 않는 것은 『사해』와 같다. 돈이 들어오기만 하고 나가지 않는다. 그리고 자선을 베푸는 것은 『산 바다』와 같다. 돈이 들어오고 또 나간다. 우리들은 『산 바다』가 되지 않으면 안 된다.


## 사자

중국에서 일본으로 건너온 유태인과 이야기를 나눈 일이 있다. 이렇게 건너온 사람들 중에는 대체로 4가지 타입이 있다.

중국이 좋고 일본이 싫다는 사람, 일본이 좋고 중국이 싫다는 사람, 중국도 일본도 좋다는 사람, 둘 다 싫다는 사람으로 나눌 수 있다.

내가 만난 이 유태인은 일본이 상해를 점령했을 때 유태인을 괴롭혔다고 해서 일본을 좋게 생각하지 않는 사람이다.

일본이 상해를 점령해서 유태인을 특별 거주 지역으로 한데 모아 수용했다. 그리고 군인으로 그 지역을 경비하게 했다. 그랬기 때문에 유태인들은 종종 구타를 당하고 식량사정이 나빠서 굶기를 자주 했으며 전염병의 만연으로 많은 사람들이 죽어간 쓰라린 경험을 추억으로 가지고 있는 사람이 많다.

그래서 나는 그 유태인에게,

"유럽에서는 6백만이나 학살당했습니다.

2차 대전 유럽에서 당한 참극이야 말로 과거 어디에서도 찾아볼 수 없습니다. 당신은 1970년대인 지금 상해에서 겪은 쓰라린 추억을 말하고 있지만 이런 이야기도 당신이 살아있다는 증거입니다."

탈무드에 이런 이야기가 있다.


사자의 목구멍에 가시가 걸렸다. 자기 목구멍에 가시를 뽑아 주는 사람에게 큰 상을 주겠다고 했다. 그 때 학이 나타나 자기가 그 가시를 뽑아 주겠다고 했다. 사자의 큰 입을 벌리게 하고 학의 긴 목을 사자의 입 속에 집어넣어 가시를 뽑아냈다.

그리고는,

"사자님 무슨 상을 주시겠습니까?" 하고 물었다.

사자는 오히려 화를 벌컥 내면서

"내 입속에 머리를 넣고 살아서 나온 것이 상이다.

그 같이 위험한 처지를 당하고는 살아남을 수 있다는 것을 자랑으로 생각해라.

이 이상 가는 상이 또 어디 있겠느냐?"

하는 것이었다.

중국에서 심한 고통을 받았다고 해서 불만을 말해서는 안 된다. 이것이 나의 결론이다.

# 제6장
## 탈무드의 발

발은 지난날의 역사와 앞으로 올 역사의
자취를 남긴다. 물론 현재를 굳게 딛고 있
는 것도 발이다. 이 마지막 장에서는 탈무
드의 수난의 역사를 소개함과 동시에, 유
태인이 아닌 직업과 유태인의 일상생활을
간단히 소개해 두었다. 탈무드와 유태인을
이해하는데 도움이 될 것이다.

## 수난의 책 탈무드

탈무드는 바빌로니아에서 AD 500년에 편찬이 시작되었다.

그리고 1334년에 손으로 쓴 탈무드가 현존해 있는 것 중에서 가장 오래된 것이다. 처음으로 인쇄 된 것은 1520년 이었고, 장소는 베니스였다.

1244년에 파리에 있던 모든 탈무드는 기독교도에 의해 금서가 되고 몰수되어 24대의 수레에 실려 불살라졌다. 1415년에는 유태인들이 탈무드를 읽는 것이 법령으로 금지되었고, 1520년에는 로마에서 탈무드가 모조리 압수되어 불살라졌다.

기독교들은 탈무드를 전혀 읽지 않았다. 그래서 탈무드를 모르면 모를수록, 더욱 탈무드를 싫어했던 것이다.

또 그 후 1553년, 55년, 59년, 66년, 92년, 97년에도 탈무드는 불살라졌다.

한편 1562년에는 교회가 검열하여, 탈무드를 마구 오려내기도 하고 찢어내기도 했다. 그래서 오늘날 남아 있는 탈무드는 완전한 것이 아니다.

어느 때 탈무드를 마이크로필름으로 찍고 있자니, 페이지와 페이지 사이에는 다른 페이지가 나왔다. 이렇게 해서 수백년 동안이나 잃어 버렸던 탈무드가 발견된 일도 있다. 따라서 탈무드를 읽어 나가면 갑자기 중간에서 이야기의 연결이 되지 않는 일이 있다.

이것은 가톨릭교회에서 그 5분의 1이나 6분의 1을 떼어낸 것이다.

그들은 예수를 비판했다고 생각되는 부분이나, 비 유태인에 대해서 쓰인 부분은 모조리 삭제해 버렸던 것이다.

그러나 현재 탈무드는 여러 나라 말로 번역되어, 탈무드에 배한 관심은 세계적으로 높아져가고 있다.

탈무드는 공부하는 책이다.

유태인에게 있어서 공부하는 것은 인생의 최대의 목적이다. 유태인을 조금이라도 이해하려 한다면, 탈무드가 유태인에게 있어서 얼마나 중요한 것인가를 알지 않으면 안 된다. 유태인들에게는 하나님의 뜻을 실행하는 것이 가장 중요하기 때문에, 탈무드를 공부하지 않고서는 살아갈 수 없었다. 그러나 탈무드의 공부는 지적인 공부가 아니다. 그것은 종교적인 공부다. 하나님을 찬양하는 최대의 행위는 유태인으로써는 공부하는 일인 것이다.

그래서 예로부터 전해 내려오는 유태 속담에,

『공부는 올바른 행동을 만든다』

는 말이 있다.

고대 유태에서는 도시나 마을은 그곳에 있는 학교의 이름으로 알려져 있었다. 예배당은 곧 공부하는 곳이기도 했다.

로마인들은 유태인을 비 유태인으로 만들기 위하여, 유태인들의 탈무드 공부를 금했다.

유태인으로부터 『배우는 것』을 빼앗아 버리면, 그는 벌써 유태인이 아닌 것이다. 이 배움을 지키기 위하여 많은 유태인들이 죽어가야 했다. 그러나 지식은 모든 것을 이겨내게 마련이다.

나는 유태인으로써 아침에 일하러 나가기 전에, 5시에 일어나서 탈무드를 공부하는 사람을 많이 알고 있다. 점심때와 저녁식사 뒤, 그리고 버스나 지하철을 타도, 유태인들은 공부를 한다. 또 매주 안식일에는 몇 시간씩 탈무드를 공부한다. 탈무드는 모두 20권이지만, 그 중 1권의 공부만 끝내도 유태인으로써는 대단한 경사고, 친척이나 친한 친구들을 전부 불러서 성대한 축하연을 베푼다.

유태인들에게는 천주교에 있어서의 교황과 같은 최고권위자는 없다. 유태인의 최고의 거점은 탈무드다. 탈무드를 얼마만큼 연구 했느냐 만이 권위의 척도가 된다. 이 탈무드의 지식을 제일 많이 가지고 있는 사람이 랍비이며, 그래서 랍비는 권위를 지니고 있는 것이다.

## 탈무드의 내용

탈무드의 내용은 모두 6부로 이루어져 있다. 1.농업, 2.제사, 3.여자, 4.민법과 형법, 5.사원, 6.순결과 불순 이 그것이다.

탈무드의 구성에는 룰이 있다.

반드시 미쉬나(MISHNA)라는 부분으로 시작된다.

미쉬나는 유태 고대의 교훈과 약속이 구전으로 전해진 부분이다. 이 미쉬나의 부분은 AD 200년 경에 편찬되었으며, 500그램 정도의 아주 작은 책이다.

이 미쉬나에 대해서는 아무런 이론이 없다. 이 미쉬나를 둘러싸고 발전 된 논의나 토론이 탈무드인 것이다. 이 토론은 반드시 둘로 나뉘어져 있다.

하나는 『할라카』라고 불리는 토론이고, 하나는 『아가다』라고 불리우는 토론이다.

유태인은 세계에서 종교의 계율을 가장 엄격하게 지키고, 종교에 심취해 있는 사람들이라고 알려지고 있지만, 유태인의 언어에는 『종교』란 어휘가 있지 않다. 그것은 일체의 생활 그 자체가 종교이기 때문에, 특별히 종교만을 떼어 '종교' 라는 말을 사용하지 않는 것이다.

『할라카』는 유태적인 생활양식이랄까, 인간의 모든 행동을 거룩한 것으로 끌어올리기 위한 것이다. 제사, 건강, 예술, 식사, 언어, 대화, 대인관계 등 모든 생활에 있어서의 모든 행동이 이 할라카에 맞지 않으면 안 된다.

기독교도는 기독교를 믿음으로써 기독교도가 됐지만 유태인은 그렇지 않다. 오직 행동만이 유태인을 유태인으로 만드는 것이다.

『아가다』는 탈무드의 3분의1을 차지하고 있다. 여기에는 철학, 신학, 역사, 도덕, 속담, 시, 성서해설, 과학, 의학, 수학, 천문학, 심리학, 형이상학 등 인간의 모든 지혜가 포함되어 있다.


## 랍비라는 직업

로마가 유태인을 지배하던 시절에 그들은 유태인을 전멸시키려고 갖은 방법을 다 썼다.

유태인의 학교폐쇄, 예배금지, 탈무드를 불사르고, 유태인의 절기를 금지시키고, 랍비들의 교육행위를 금지 시켰다.

또 랍비가 일정기간 교육을 마치면 일반학교 졸업식처럼 랍비 임명식이 거행되는데, 로마는 이 행사에 참석한 사람이나 임명받은 랍비나 가리지 않고 처형해 버렸으며, 이런 행사가 일어나는 도시나 마을은 모두 멸망시키겠다는 포고령을 내렸다.

로마인의 모든 수단 가운데 유태인을 탄압하는 가장 현명하고 유태인을 멸망시키는 방법으로서 최고의 방법이라 하겠다.

유태인의 사회는 다른 사회와 달라서 랍비가 없으면, 사실상 마비상태에 빠지게 된다.

랍비는 유태인에게는 정신적 지도자일 뿐만 아니라 변호사이며 의사요, 그들의 모든 권위를 대표하는 사람이었다. 로마인이 이것을 간파하고 랍비와 그들의 교육을 탄압했던 것이다.

어느 랍비가 이러한 로마인의 정책을 알고 그가 가장 사랑하는 제자 5명을 데리고 깊은 산속으로 피해갔다. 그것은 마을이 자기로 인해서 피해를 입히지 않게 하려고 한 것이다. 그가 숨은 곳은 가까운 마을에서도 2마일이나 떨어진 외딴 곳이었다.

그곳에서 제자들을 랍비로 임명했다. 그러나 결국 그들의 숨은 곳이 발각되고 말았다.

제자들이

"선생님 어떻게 하시겠습니까?" 하고 묻자

"나는 이미 늙은 몸, 너희들은 랍비의 사명을 다 하기 위해서 이곳을 피해라." 고 말했다.

5명의 제자는 스승을 남긴 채 피했고 그 랍비는 로마인의 손에 체포되어 3백 번이나 칼로 난자당해 죽었다.

이 이야기를 하는 이유는 유태사회에서 랍비가 얼마나 중요한 위치에 있는가를 말하고 싶어서다. 랍비는 유태 사회의 하나의 상징이라고 해도 된다.

탈무드가 유태인에게 얼마나 중요한가를 알지 못하면 유태 문화를 이해할 수 없다.

유태인은 탈무드의 전체 내용 속에서 교훈과 생활의 이치를 터득하지 않으면 안 된다. 그것이 삶의 원칙으로 되어 있다. 그러기에 유태인은 매일 일정 시간을 탈무드 연구에 쓰고 있다. 그것은 단순히 학문 연마를 위해서가 아니라 종교적 의무이기도 하다. 유태인에게 있어서 하나님을 예배하고 공경하는 것이야 말로 곧 공부하는 일이다.

그리고 날마다 탈무드를 공부하면 하나씩 깨달음이 있다.

랍비 사이에 서열이나 상하의 계층은 없다. 그리고 랍비들의 단체도 구성되어 있지 않다. 단지 어떤 랍비가 다른 랍비보다 더 현명하다고 인정되어 어려운 질문을 답변하고 어려운 의식의 진행을 맡기도 한다.

현대의 이스라엘 종교 학교는 9세에 탈무드 공부를 시작한다. 그리고 고등학교를 지나서 부터는 탈무드 이외에는 공부하지 않는다. 학생은 결국 10년에서 15년간 탈무드를 공부하게 되는 셈이다.

미국에서 랍비를 양성하는 학교에 가려면 먼저 일반대학의 학사 학위가 있어야 한다. 이 양성 학교는 대학원에 해당하기 때문이다. 이 학교에 입학하면 4년에서 6년 동안 탈무드 공부를 한다. 그러나 처음부터 배우지 않고 중간 부분에서부터 배운다. 이미 그들은 상당한 것을 대학에서 배웠다고 인정하기 때문이다. 그러나 입학시험은 엄격했다.

시험 과목은 성서, 히브리어, 아랍어, 유태역사(4천 년간의 역사여서 방대함) 유태문학, 법률, 심리학, 설교학, 교육학, 처세철학, 철학 등이고 그 외에 몇 개의 논문이 있다.

모든 과목이 어렵다. 더구나 4~6년 동안 배운 것을 총 정리하는 시험이 졸업 전에 있게 된다. 이들 과목 중에서 가장 기본이 되는 것은 역시 탈무드이다.

반 이상의 시간이 탈무드 공부에 배당되고 탈무드 이외의 과목은 일반 교수의 강의에 의해서 되지만 강의는 훌륭한 인격자로 추앙받는 교수가 맡는다.

탈무드를 가르칠 수 있는 사람은 위대한 현인이어야 하고 훌륭한 인격자여야 한다. 탈무드에 의하면 왼손으로는 학생을 차갑게 떠밀고 오른손으로는 교수에 대해서 다른 교수들과는 다른 자세로 대한다.

학교에서, 탈무드는 혼자 공부하는 것이 아니고 둘이 짝이 되어 공부한다. 한 사람이 큰 소리로 낭독하고 다른 학생들은 따라서 외우기도 한다. 둘이 한 짝이 되어 3년 동안이나 탈무드를 공부한다. 탈무드의 교수는 절대로 방법을 가르쳐 주지 않고 스스로 해 나가도록 한다. 혼자서 탈무드를 읽고, 문제를 푼 다음 두 사람이 함께 만나 공부한다. 탈무드의 공부는 그냥 읽기만 하는 것이 아니다. 그 속의 진리를 올바르게 알아야 한다.

1시간 수업을 위해 4시간 정도의 예습이 필요하고 상급학년으로 가면 1시간 수업을 위해 20시간의 준비가 있어야 한다.

탈무드의 과목은 교수가 하나하나씩 가르치는 것이 아니다. 아주 큰 주제만 제시해 주고 공부하는 방법만 알려준다. 하급학년에서의 학습은 학생은 모두 테이블을 싸고 앉고 교수는 멀리 떨어져 앉는다. 그리고 대화를 듣고만 있다. 단 학생은 학습과정에서 그 교수에게 모르는 것을 물을 수 있다.

탈무드의 학급에서는 반드시 그리스어와 라틴어를 말할 수 있어야 한다. 그리고 그리스어와 로마의 문화적 생활에 정통해 있어야 한다.

랍비가 되기 전의 학생은 독신이라면 기숙사에 산다. 대체로 100명 정도의 학생들이 함께 살기 때문에, 하나의 학생사회가 설립된다. 그들은 식사를 함께하고, 이야기를 함께 나눈다.

그러나 거기에는 기독교의 수도원과 같은 분위기는 전혀

없다. 밤이면 농구 같은 것을 하고 즐긴다. 따라서 사회로부터 완전히 격리된 기독교의 수도원과는 다르다.

이 학교를 훌륭히 졸업한 사람은 우선 2년 동안은 학교를 위해서 봉사해야 한다. 그 봉사란, 종군 랍비가 되어도 되고, 또는 랍비가 없는 마을에서 봉사대도 된다. 나는 종군 랍비로써 공군에서 2년간 봉사했다.

이 2년간의 봉사생활이 끝나면, 두 가지 길 중 하나를 선택할 수 있다. 하나는 대학에서 가르치는 일이고, 또 하나는 유태인 사회의 랍비가 되는 일이다. 나는 후자를 택했다.

하나하나의 교구는 다른 교구로부터 완전히 독립되어 있기 때문에, 랍비가 기독교에서와 같이 이리저리 전근되는 일은 전혀 없다.

랍비가 없는 유태인의 지역사회로부터 랍비 양성학교에 편지로 1개월에 어느 정도의 보수로 랍비를 구하고 있으니 꼭 알선해 달라는 신청이 온다.

그러면 졸업을 앞둔 랍비는 자기가 그 곳에 가고 싶다고 학교 사무국에 신청한다. 그리고 그 지역 사회로 가서 면접시험을 받아야 한다.

그 지역사회가 어떤 랍비를 선택하느냐는 자유이며, 랍비도 그 지역사회로 부임하느냐는 자유다. 그러므로 지역사회에서도 몇 명의 랍비 후보자를 만나 볼 수 있고, 랍비도 여러 지역사회를 가 보고서 자기가 좋은 곳을 선택할 수가 있다.

타협이 이루어지면 랍비는 그 지역사회의 예배당에 속하게 되며, 일반적으로 그 기간은 2년으로 되어 있다. 월급과 그 밖의 조건은 그 지역사회와 랍비 사이에 계약으로 체결된다.

예배당과 교구는 유태인 사회에서는 자연히 생기게 마련이다. 유태인이 모여 살아 어느 정도의 수에 달하면 우선 예배당이 있어야 한다. 이것을 거꾸로 말하면, 예배당이 없는 곳에는 유태인은 살지 못한다. 유태인들에게 있어서는 아침에 일어나 세수하거나 조반을 먹는 것만큼이나 예배당이 필요하고, 아이들을 가르칠 학교를 만드는 것이 필요하다. 그래서 대개는 유태인이 20가구쯤 되면 예배당을 세우고 랍비를 초청한다. 한 지역사회에 여러명의 랍비가 있어도 되지만, 그것은 그 지역사회에 몇 명의 유태인들이 살고 있느냐에 따라 결정된다.

지역사회의 재원은 기본적으로는 그 사회에는 한 가구당의 분담금으로 조달되며, 돈많은 사람들은 1년에 한 번의 성금을 내놓는다.

오늘날의 랍비의 역할은 우선 유태인 학교의 책임자이고, 예배당의 관리자이며 설교자이다. 그는 유태의 전통을 모든 사람들을 대신하여 공부하고, 요람에서 무덤에 이르기까지 유태사회의 모든 문제를 결재한다. 사람이 태어나면 그를 맞

아주고 죽으면 그를 묻어주고, 결혼할 때나 이혼할 때면 그 입회자가 된다. 좋은 일이거나 궂은 일이거나 모든 경우에 얼굴을 내놓아야 한다. 따라서 랍비는 학자인 동시에 목사이기도 하다.

15세기까지 랍비는 무보수로 봉사한다. 그래서 랍비들은 대부분의 직업을 따로 가지고 있었다. 그러다가 15세 이후부터 랍비의 직업을 따로 가지고 있었다.

그러다가 15세 이후부터 랍비의 봉급을 그 지역사회에서 지불하게 되었다.

『랍비』라는 말은 1세기경부터 사용되기 시작했으며, 히브리어로 『교사』라는 뜻이다.

유태교에서는 『시간』이란 몹시 중요한 개념이기 때문에 대단히 중요시하고 있지만 장소나 지역과 같은 『공간』의 개념에 대해서는 과히 중요시하고 있지 않다. 따라서 기독교에서와 같은 『성역』이라는 말은 없지만 랍비는 일반적으로 『성인』이라고 일컬어지고 있다.

## 유태인의 생활

유태인은 아침 해돋이와 함께 일어나 우선 세수를 하고 조반을 들기 전까지의 사이에 30분가량 기도를 드린다. 기도를 할 때는 『거룩한 상자』를 팔과 머리에 잡아매고, 목 띠를 몸에 두르고 기도한다.

기도는 집에서 드려도 되지만, 대개는 근처에 있는 예배당에 가서 한다. 집에서 하거나 예배당에 가거나 기도하는 말은 똑같다. 그러나 예배당으로 가면 여러 사람이 모여 함께 기도문을 외우고 예배할 수 있는 잇 점이 있다. 그리고 심리적으로도 자기 혼자서 기도하면 그 기도가 이기적인 것이 되기 쉽지만, 집단이 기도하면 집단의식이 강해진다.

그리고 조반을 들게 되는데, 이때 다시 손을 씻고, 간단한 기도를 드린 다음 식사를 한다. 만일 친구나 가족이 함께 식사를 할 때는 반드시 탈무드에 관한 화제를 골라 얘기해야 한다. 그리고 식사가 끝나면 다시 기도하는데, 이때 친구나 다른 사람이 있으면, 함께 맞춰 기도문을 외운다. 그리고 일터로 나간다.

오후에는 정오에서 해질 때 까지 사이에 대체로 5분정도의 짧은 기도를 드려야 한다.

그리고 밤에는 가까운 학교에 가서 탈무드 공부를 한다. 유태인은 날마다 그 하루 중에서 반드시 시간을 내어 탈무드 공부를 하지 않으면 안 되기 때문이다.


## 유태인의 장례식

유태인은 죽은 이에게 경의를 표하지 않으면 안 된다. 죽은 이는 항상 수호되지 않으면 안 된다. 사람이 죽으면 우선 그 몸을 깨끗이 해 주어야 한다. 이때에는 그 지역사회에서 가장 지식이 많고 존경받고 있는 사람이 죽은 이의 몸을 씻는다. 이것은 유태사회에서는 대단한 명예로 여겨지고 있다.

죽은 이는 되도록 빨리 매장한다. 화장하지 않고 땅에 그대로 매장한다. 원칙적으로는 죽은 다음날 매장한다.

그를 조금이라도 아는 사람은 장례식에 꼭 나가야 한다. 그들 중의 한 사람, 예를 들면 랍비가 조사를 읽고, 상주가 기도문을 외운다. 그들은 같은 예배당에 가서 같은 기도문을 앞으로 1년 동안 매일 외운다.

매장이 끝나면 가족들은 집으로 돌아간다. 그리고 다음과 같은 일을 1주일 동안 집에서 되풀이한다. 집안의 거울에는 모두 덮개를 씌우고, 한 개의 촛불을 계속 켜놓고, 10명의 친구들이 모여 기도문을 함께 외운다.

상주는 1주일 동안은 집밖에 나가지 않는다. 그러니까 예배당에도 이 1주일이 지나야 나갈 수가 있다. 이 1주일 동안에 그 집의 가족을 아는 사람들은 그 집에 가서 인사를 한다. 그리고 1주일이 지나면 가족들은 집 밖에 나가 집의 주위를 한 바퀴 돈다.

상주는 1개월 동안 세수를 해서는 안 된다.

그 이후에는 매년 기일이 돌아올 때마다 상을 입는다.

장례식에서 돌아온 가족들은 달걀을 먹는다. 유태인들이 죽은 이를 대하는 사고방식은, 인간은 누구나 육신이 죽으면 슬퍼하기 마련이지만, 1주일 동안의 상을 마치고 밖으로 나온다는 것은, 그 이상 상을 입어서는 안 된다는 것으로, 슬픔이 너무 지나치면 건강에 해롭다고 생각하기 때문이다. 그래서 1주일이 지나면 밖으로 나와 집 둘레를 한 바퀴 원을 그리며 도는 것이다.

계란을 먹거나 집 둘레를 원을 그리며 돌아야 하는 것은, 원은 시작도 끝도 없기 때문에, 생명도 같이 끝나는 일이 없이 항상 돌고 있어야 함을 상징하는 것이다. 살아있는 자들은 언제까지나 영원히 살아가지 않으면 안 된다는 것을 상징하는 것이다.

상을 당하면 가장 슬픔이 따르는 것은 처음 1주일 동안이다. 그 다음 1개월 동안의 상기가 있지만 그 기간에는 처음 1주일의 상기만큼 슬픔이 깊지는 않다. 그리고 다음 1년간의 상기는 슬픔이 점점 엷어져 간다. 1년간의 상기가 지나면 해마다 기일에만 상을 입는다. 이 1년간 상을 입는 것은 부모가 돌아갔을 경우 뿐 이고, 부모상 이외의 상은 1주일 더하기 1개월로 끝난다.

나의 아버지가 돌아가셨을 때에도, 나는 너무 슬퍼서 식사를 할 수가 없었다. 그러나 그래도 계란만은 먹지 않으면 안되었다. 그것은 이때 이 식사는 의무적으로 하도록 되어 있기 때문이다. 이것은 어떤 일이 있어도 먹어야 한다는데 의미가 있다.

죽은 이만이 산 사람을 지배하고 있어서는 안 되고, 산 사람들은 계속 살아가야 한다는 중요성을 유태인은 가르쳐 주고 있는 것이다. 유태인들에게 있어서 자살은 큰 죄이다.

장례식은 부자나 가난한 사람이나, 학자나 교육받지 못한 사람이나, 유태에서는 전부 똑같은 관과 똑같은 수의로 행한다.

요컨대 지위의 고하나 빈부에 관계없이, 장례식의 형태는 모두가 똑같다. 이것은 모든 인간은 평등하다는 것을 존중하고 있기 때문이다. 예배당에서 모두가 똑같은 모습으로 똑같은 모자를 쓰고 기도하는 것도 그 때문이다.

- 부 록 -

# 『토라』와 『탈무드』

　『토라』는 헤브라이어로 성서(구약) 첫 머리의 다섯 책을 가리키고 있는데 '원칙' 혹은 '가르침' 이라는 의미며 『토라』는 모세의 책이라고도 불리우고 있다.

　이것들은 『창세기』 『출애굽기』 『레위기』 『민수기』 『신명기』의 5서로 이루어져 있다.

　그러나 『토라』는 말은 반드시 성서 첫 머리의 5서를 의미하고도 있는 것은 아니다. 시나고그(집회소)에 놓여있는 필사본의 다섯책도 『토라』로 불리워져서 그 두루마리를 가르키는 말이기도 하고, 도 단순히 신의 거룩한 가르침을 의미하기도 한다. 그리고 유태인의 율법 전체를 『토라』라는 말로 부를 수도 있으며 또 『토라』는 유태교의 가르침에 따라 사는것을 의미하기도 한다. 『토라』는 유태인이 신념을 가진 민족임을 말해주고 있다.

그러면 유태교와 유태인의 사상의 집대성인 『탈무드』에 대해서 설명해 보자.

유태교가 보통의 종교라는 개념과는 틀리듯이 『탈무드』도 단순히 책이라는 개념과는 틀리다. 보통 이슬람교나 그리스도교와 같은 경우에는 고정된 가르침(교리 곧 성전)이 있지만 『토라』나 『탈무드』는 고정되고 완성된 가르침이 없다.

『탈무드』의 경우를 보자. 『탈무드』는 성서가 아닐뿐더러 보통의 개념으로 생각되는 책도 아니다. 『탈무드』가 무엇이냐 하는 가장 적절한 설명은 종교 · 법률 · 철학 · 도덕에 관해 실시된 심포지움이며 더우기 그 심포지움이 중단되는 일 없이 천2백년 이상 동안 계속해 오고 있는 것이다.

이것을 기록하여 정리한 것이 『탈무드』이다.

『탈무드』라는 말은 '연구'라는 의미를 지니고 있다. 지금으로부터 천2백년전에 편찬이 시작되어 현재까지 63권의 책으로 이루어져 있다. 굉장한 분량인데도 불구하고 지금까지도 아직 끝나지 않고 있다. 즉 '오픈앤드'의 책인 것이다.

그 시대에 따라서 새로운 말, 새로운 견해가 첨가되어 간다. 이것은 연구와 학습에는 끝이 없다는 것을 상징해 주고 있는 것이다.

천2백년 동안에. 2천명 이상의 랍비들이 토론에 참가하여 유태교의 해석을 하고 있다. 랍비는 학문을 쌓은 사람들이며, 지역 사회의 지도자이기도 하다. 흔히 랍비는 목사로 번역하고 있는데, 그것만으로는 불충분하다. 지역사회의 자문역 곧 카운셀러이며, 재판관이며, 성인이나 어린 아이들의 교사이기도 하다. 그런데 천2백년간의 토론 속에는 온갖 문제들까지 다루어지고 있다.

유태세계를 제외한 어떠한 세계에서도 『탈무드』와 같은 책은 존재하지를 않는다. 이것은 유태인이 얼마나 독특한 민족인가를 보여주고 있는 것이다. 예를 들면 테마 가운데는 천문학을 비롯해서 소변을 보는 방법까지 쓰고 있다. 즉 어떤 자리에서라도 소변을 보고 싶으면 곧 일어서라고 가르치고 있다. 그리고 이집트의 콩을 어떤 토양에 어떻게 심으면 좋은가라든가, 남녀가 개천을 건널때에는 여자의 뒤쪽에 남자가 서서는 안 된다고 가르치고 있는데 그것은 왜냐하면 여성은 스커트를 걷어 올리지 않으면 안 되기 때문이라고 실제적인 주의까지 하고 있다.

  아무튼 『탈무드』에는 인간에 관한 모든 것이 담겨져 있다.
흔히 『탈무드』를 율법이라고 번역하고 있으나 법률집은 물론
아니며 그렇다고 해서 체계적인 지식을 가르치는 책도 아니
다. 한마디로 『탈무드』는 토론집이다. 『탈무드』는 무엇이냐
고 묻는다면, 『탈무드』는 『탈무드』라고 대답하는 것이 가장
올바른 대답일 것이다.

  성서의 5서 가운데는 두 가지 클라이막스가 있다. 하나는
신이 세계를 창조해냈다는 『창세기』이며, 또 하나는 시나이
산에서 신이 모세에게 가르침(십계 등)을 내려 주셨다는 부분
이다. 창조의 행위는 예술에 속하는 것이다. 신은 여기에서
완성된 것을 만들었기 때문에 인간이 개입 할 여지가 없다.

  예를 들면 신이 '빛이 있으라'고 말하면 빛이 만들어졌고,
신이 빛을 보니 좋았더라 고 쓰여 있는 것처럼, 신은 일방적
으로 여러가지 창조 행위를 실행했다. 신의 위대한 힘에 의해
빛과 어둠이 나누어지고, 하늘과 땅으로 나누어졌다. 여기에
서 신의 말은 독백과도 같은 것으로써 신은 대답을 구하려고
하는 것이 아니었다.

『창세기』를 읽으면 인간은 창조의 중심이 아니며, 하나님이 온갖 것을 다 만들었는데 그 중의 하나가 인간이라고 되어 있다. 그런데 여기에 비해 시나이 산에서의 신은 인간에 대해 하나님의 십계를 준다. 이 시나이 산에서 신이 인간에게 주시는 가르침은 인간이 이해할 수 있도록 이라는 목적을 가지고 말을 하고 있다.

여기서 신과 인간 사이의 계약이 비로소 생겨난다. 신이 시나이 산에서 말한 그 뒤 배경에는 이스라엘 백성이 이집트에서 여러가지 고통을 받고 있다고 하는 호소에 신은 귀를 기울인 것이다.

여기에서 신과 인간사이에 첫 대화가 시작된다고 해도 좋다. 후세의 랍비들은 이 시나이 산에서의 신의 인간에 대한 가르침을 교사의 모범이라고 생각했다. 이것은 교사는 학생들의 말에도 귀를 기울이지 않으면 안 되며, 또 학생들이 이해할 수 있도록 이야기하지 않으면 안 되기 때문이다. 이로부터 한 가지 교훈이 나온다.

곧 가르친다고 하는 것은, 일방적으로 교사가 가르치고, 학생이 그것을 그대로 받아들여 익히는 것이 아니다. 유태의 전통 속에는 가르치는 방법과 배우는 방법이 중요한 위치를 차지하고 있다.

유태인은 날마다 『뷸카트 하트라』라고 하는 기도문을 외우는데 이 의미 속에는 하나님을 「토라를 이스라엘 사람들에게 가르치는 교사」라는 뜻을 가지고 있다. 하나님이 우수한 교사라는 것은 두 말할 나위가 없다.

가르치는 방법과 배우는 방법은 유태의 전통 가운데서도 가장 기본이 되는 것으로써 이 사실을 이해하지 못하면 유태인의 전통이라는 것을 파악할 수 가 없다.

유태사회에서는 『토라』를 연구한다는 것은 신에게 기도하는 것이라고 하는데, 이『창세기』의 창조행위와 시나이 산에서의 사건의 차이를 이해하지 못하면 그 의미를 파악할 수 가 없을 것이다.

다시 한 번 성서로 돌아가 보자. 창세기에서는 신은 『-여 있으라』라고 말함으로써 자유로이 여러가지 것을 만들어 간다. 그리고 맨 나중에 인간을 신의 모습과 닮게 창조한다. 그런 다음 신이 인류의 여러가지 형태의 실수를 벌하는 대목을 그려 낸다.

예를 들면 몇 세대에 걸친 인간의 부패로 인하여 신의 노함을 사서 대홍수를 불러일으키게 했고, 따라서 신이 창조한 모든 만물은 여기서 멸망을 당하게 된다. 인간이 도덕적으로 신의 기대에 어긋날 때에는 무서운 벌을 받게 된다는 것을 말하고 있다. 그러나 신은 인간의 현실이라는 것을 이해하여 거기에 적합한 조치를 취한다.

예를 들면 대홍수 때의 신의 노함과, 시나이 산에서의 신이 인간의 불완전성 내지는 허약성을 이해하고 인간과 대화를 시작한다는 감동적인 사실로 나타난다. 『출애굽기』에는 '너희가 내게 대하여 제사장 나라가 되며 거룩한 백성이 되리라. 너는 이 말을 이스라엘 자손에게 고할지니라.' 고 말하고 있다. 『토라』가 사막 가운데서 주어졌다고 하는 사실은 상징적인 의미가 있다. 사막은 인간에게 있어서는 불모의 땅인데 신과 인간의 대화가 여기에서 이루어진다. 음식물도 물도 없다. 여기에서 사람들은

"우리는 더 이상 이와 같은 고통스런 자유에는 견딜 수 가 없습니다. 이집트로 도로 데려가 주십시오."
라고 호소한다.

그러자 신은 사막을 여행하는 이스라엘 백성들을 위해 하늘로부터 『만나』 라는 땅을 내려주어 사람들에게 『만나』로써 굶주림을 채우라고 말한다. 신을 믿고 날마다 하루치 씩 주

워 모으라고 말하지만 사람들은 그렇게 하지 않았다. 그들은 내일의 일을 걱정하여 이틀치를 줍는다. 금요일은 안식일이 므로 원래는 『만나』를 줍는 일은 해서는 안 된다. 그러나 사람들은 불안에 휩싸여 『만나』를 줍는다. 그러나 신은 노하지 않았다. 신은 인간의 허약함을 이해하게 되었기 때문이다.

『토라』가 인간의 말을 사용하여 쓰여졌다고 하는 것은, 인간이 신과의 대화를 시작했다는 사실을 뜻하고 있다. 이것은 『토라』가 인간을 완전한 자로써 인정하지 않으므로써 하늘의 율법을 가르치고 있지 않음을 보여주고 있다. 그러므로 신과 인간을 구분시켜 『토라』는 약한 인간을 교육하여 올바른 길을 걷게 하기 위해 만들어진 인간 교육서 인 것이다.

그래서 『탈무드』를 공부하는 사람들은 먼저 『미쉬나』의 맨 첫머리의 서두로 말미암아 실망을 해 버리는 수가 많다.
『미쉬나』는 이렇게 시작한다.

두 사람의 인간이 한 벌의 옷을 가지고 다투고 있다. 한 사람이 "이건 내 옷이다." 하고 버티고, 그리고 또 한 사람도 "아니야, 이건 내 옷이야." 라고 말하며 입씨름을 하고 있다. 만일 이것을 일반적으로 생각하듯이 종교적인 가르침을 말하는 것이라면, 한 사람은 "제발 당신이 필요하다면 가지고 가십시오."라고 썼을 것이다. 그러나 『미쉬나』는 두 사람이 한 벌의 옷을 둘러싸고 다투는 이야기로부터 시작하고 있다. 거기서 『미쉬나』는 인간들 사이에서 다툼이 끊이지 않는다는 것을 우선 보여주고 있다.

인간은 불완전한 존재이며 아직 미완성의 존재인 것이다. 완성되어 있지 않으므로 사람들은 창조 행위를 계속할 의무를 가지고 있다고 생각한다.

예시바(유태인 학교)에 가면 사람들이 몸을 흔들면서 『토라』를 노래 하듯이 읽고 있는 것을 볼 수 있다. 아마도 사람들은 이것을 기도하고 있는 것으로 볼지 모르지만 그것은 착각이다. 그들은 깊은 지적인 사색에 잠겨 있는 것이다.

『토라』를 배울때에는 권위로써 압도하여 마비시켜 버리는 것을 강력히 경계하고 있다. 자기 나름대로 이해하고 되씹으며 자신의 해석을 첨가시켜야만 한다. 그러므로 제 아무리 원문을 암송했다고 할 지라도 그것만으로는 『토라』를 배우는 학생이라고 말할 수가 없다.

여러분들의 입시공부에 대해서도 마찬가지 말을 할 수가

있다. 학문이라는 것은 배우는 것만이 아니고, 그 배운 것을 소재로 하여 스스로가 새로운 것을 창조해 가는 것이다. 학문은 또 한사람의 교사를 만드는 것이 아니며  한 사람의 인간 제록스와 같은 인간을 만드는 것도 아니다. 곧 학문은 새로운 인간을 만들기 위해서 있는 것이다.

그 가운데에서 세계의 진보가 있다고 생각하는 것이다. 그러므로 권위를 중시하더라도 맹종을 해서는 안 된다.

# 역자 후기

한 마디로 이스라엘은 고난의 역사를 지닌 채 오늘도 생존하고 있다.

그들은 고난 속에서도 이 탈무드를 지켜왔고 또한 탈무드의 지혜는 유태민족을 지금까지 지켜주었다.

우리나라에서도 탈무드에 대한 붐은 대단하다.

어린이들을 위한 『유태식 천재교육』이 출판되는가 하면 그로 인한 성공의 사례들도 적지 않게 나타나고 있다. 유태인들은 이집트에서 당한 고통 때문에 많은 부족 간에 단결심이 강화되었으며 여기에다 모세가 자기들 민족의 신으로 섬기기 시작했다.

그러나 그들은 탈무드의 지혜를 터득하여 약한 것 같으면서도 강하기 짝이 없다. 그들은 드디어 골치 아픈 P L O와 그들

의 지배자인 야세르 아라파트를 분쟁지역에서 쫓아내는데 성
공했다.

이 성공은 세계의 어떤 열강들도 상상하지 못했던 놀라운
사실이다. 유태인들은 이 탈무드의 영향을 입어 머리가 비상하
게 뛰어나 있는 것 또한 사실이다. 탈무드야 말로 정신적인 기
둥이며 생존의 토대인 것이다. 그들은 탈무드의 가르침에서 스
스로 빠져나오려고 하지 않는다.

이 책을 번역 하면서 우리도 우리 조상의 뛰어난 슬기를 집
대성하는 작업이 현실적으로 급하다는 것을 느낀다. 이론이 아
니고 실제로 가르치는 생활의 지혜야말로 산교육이 아니겠는
가?
반만년의 유구한 역사를 지닌 우리가 유태인보다 못할 것은
하나도 없다.

민족의 슬기를 모아 지혜를 기른다면 일본의 왜곡 된 교과서 문제도 쉽게 해결할 수 있을 것임은 지극히 자명한 일이다.

유태인들은 이 탈무드에 대하여 대단한 긍지와 자부심을 갖고 있다. 그들은 서슴없이 말한다.

'우리는 탈무드가 있는 한 그 가르침에 따라 행동하고 성장하며 교육을 받는다면 결코 멸망하지 않을 것이며 앞으로도 끝없이 발전해 나갈 것이다.' 라고.

일제에 침략을 당한 오욕의 역사가 있는 우리나라도 하루빨리 국력을 키워 다시는 그런 치욕의 역사를 갖지 않기 위해서는 탈무드와 같은 슬기를 배우고 익혀 우리의 것으로 만들지 않으면 안 된다.

판 권
본 사
소 유

# 탈무드

2013년 7월 25일 재판
2013년 7월 30일 발행

역 자 | 마 빈 토 케 이 어
펴낸이 | 최 상 일
펴낸곳 | 태 을 출 판 사
서울특별시 중구 신당6동 52-107(동아빌딩내)
등 록 | 1973 1.10(제4-10호)

ⓒ2001. TAE-EUL publishing Co.,printed in Korea
※잘못된 책은 구입하신 곳에서 교환해 드립니다

■ 주문 및 연락처

우편번호 100-456
서울 특별시 중구 신당 6동 제52-107호(동아빌딩내)
전화: 2237-5577 팩스: 2233-6166

ISBN 89-493-0273-X  03000